D0730351

GO ▶ *Escalade*

Nigel Shepherd

Broquet

97-B, Montée des Bouleaux,
Saint-Constant, Qc, Canada, J5A 1A9
Tél.: 450 638-3338 / Télécopieur: 450 638-4338
Site Internet: www.broquet.qc.ca / Courriel: info@broquet.qc.ca

Un livre de Dorling Kindersley
www.dk.com

**Catalogage avant publication de Bibliothèque
et Archives Canada**

Shepherd, Nigel

    Escalade

    Traduction de : Go climb.
    Doit être acc. d'un disque optique d'ordinateur.
    Comprend un index.

    ISBN 978-2-89000-799-4

    1. Escalade de rocher. I. Titre.

GV200.2.S5314 2007   796.522'3   C2006-941464-5

**Pour l'aide à la réalisation de son programme éditorial,
l'éditeur remercie :**
le gouvernement du Canada par l'entremise du Programme
d'aide au Développement de l'industrie de l'Édition (PADIÉ) ;
la Société de Développement des Entreprises Culturelles
(SODEC) ; l'association pour l'Exportation du livre Canadien
(AELC),le gouvernement du Québec — Programme de crédit
d'impôt pour l'édition de livres — Gestion SODEC.

Titre original : Go Climb
Copyright © Dorling Kindersley Limited, 2006

Pour l'édition en langue française :
Copyright © Ottawa 2006
Broquet inc.
Dépôt légal — Bibliothèque nationale du Québec
3e trimestre 2006

Traduction : Traduction Go
Révision de la version française : Denis Poulet, Monique Thouin

Enregistrement des voix : Sono desing —
                      Diane Leboeuf (Présidente)
Matriçage : Studio Plasma — Vincent Cardinal
Composition multimédia : Studio Plasma — Pierre-Luc Paré
Narrateur : Claude Quenneville
Éditeur : Antoine Broquet
Adjoint à l'édition : Michel Joubert
Direction artistique : Brigit Levesque
Infographie : Sandra Martel

ISBN-13 : 978-2-89000-799-4
ISBN-10 : 2-89000-799-5

Imprimé en Chine

Table des matières

Comment utiliser ce livre et ce DVD   10
Pourquoi grimper ?   12

RUDIMENTS   14
Aperçu...   16

Le plaisir de bouger sur la paroi
Les plaisirs de l'escalade   18
Développer ses aptitudes   20

Les styles d'escalade
L'escalade traditionnelle   22
L'escalade sportive   24
L'escalade de blocs   26

Lieux d'escalade
Où pratiquer l'escalade   28
Le grès   30
Le grès à gros grains   31
Le roc de montagne   32
La pierre calcaire   34
Le granite   36

L'ÉQUIPEMENT   38
Aperçu...   40

Sécurité de la tête aux pieds
L'équipement complet   42
Équipement de sécurité personnelle   44
Les chaussons d'escalade   46

Cordes et protection
Les cordes   48
Confectionner les nœuds   50
Le matériel de protection   54
La chaîne d'assurage   58

Vêtements et sacs
Les vêtements par beau temps   60
Les vêtements par mauvais temps   62
Le transport de l'équipement   64

PREMIERS PAS   66
Aperçu...   68

Apprentissage de base
Équilibre et mouvement   70
Les prises de main   72
Se déplacer sur la paroi   74
Mettre à profit les prises
    de main et de pied   76

Prises supplémentaires
Le verrou et le ramonage   78
Le rétablissement et les surplombs   80
Le Dülfer et le pontage   82

Techniques de base de cordage
L'encordement   84
L'assurage   86
La descente   88
Erreurs courantes   90

ALLEZ-Y   92
Aperçu...   94
Guides et cotations   96

Sur la paroi
Disposition du matériel de protection   98
Grimper en tête la première longueur   100
Placement des bicoins et des cames   102
Placement des anneaux de
   sangle et des dégaines   104
Faire monter le second   106
Point d'ancrage unique   108
Points d'ancrage multiples   110
Parés pour la deuxième longueur   112

La descente
La descente en rappel   114
Sécurité en descente en rappel   116
Descendre en moulinette   118

Techniques de cordage
Assurage par le haut et par le bas   120
Techniques de cordes à double   122
Solution de problèmes simples   124

POUR ALLER PLUS LOIN   126
Aperçu...   128

Conditionnement physique
L'échauffement   130
Développer l'endurance   132
Développer la force musculaire   134

Améliorer sa technique
Les compétitions d'escalade   136
Savoir-faire sur blocs   138
Enchaînement de
   mouvements difficiles   142

Horizons d'escalade
L'escalade en solo   144
Destinations   146

De plus...
Sur le Web   152
Glossaire de l'escalade   154
Index   156
En conclusion...   160

Comment utiliser ce livre et ce DVD

Ce livre et son DVD d'accompagnement sont parfaitement intégrés et ont été conçus pour vous donner le goût de faire de l'escalade. Visionnez les techniques essentielles présentées sur le DVD sous forme de séquences vidéo en temps réel d'une grande clarté dont les éléments les plus importants sont détaillés par des procédés graphiques à la fine pointe ; ensuite, approfondissez le sujet dans le livre.

Mode d'emploi du livre

L'idée de vous aventurer sur une paroi rocheuse pour la première fois peut vous sembler intimidante. C'est pourquoi ce livre vous explique tout ce que vous devez savoir pour grimper en toute sécurité et avec confiance. Vous trouverez au fil des pages des renvois au DVD, où vous pourrez visionner les séquences vidéo qui illustrent et complètent l'information.

Passez au DVD
Quand vous voyez cette vignette apparaître dans le livre, passez au DVD pour visionner la séquence filmée appropriée.

Mode d'emploi du DVD

Avec ses séquences vidéo et ses procédés graphiques, le DVD est le meilleur
moyen d'apprendre les techniques essentielles, présentées en détail. Vous avez
accès aux différents sujets au moyen du menu principal et vous pouvez visionner les séquences qui vous intéressent aussi souvent que vous le désirez.

Retournez au livre
Quand vous voyez apparaître cette
vignette dans le DVD, rendez-vous
aux pages indiquées du livre pour en
apprendre davantage sur le sujet.

Pourquoi grimper?

Dans
sa forme la plus
simple, l'escalade de rocher
oppose le savoir-faire et la force
d'un individu à un mur de roche qui
peut être vertical, de faible inclinaison
ou en dévers. Ajoutez un élément perçu et
très occasionnel de danger et vous avez une
combinaison unique d'éléments qui éprouvent
physiquement et mentalement. Se trouver perché
en hauteur sur une paroi rocheuse, les doigts enroulés
autour d'une prise rugueuse et positive, les pieds appuyés sur
des saillies minuscules, peut se révéler une expérience enivrante.
L'équipement de cordage et de protection vous offre, à vous et à votre
partenaire d'escalade, le maximum de sécurité à chaque instant.

Ce livre vous montre comment faire vos premiers pas dans ce monde vertical. Apprenez à confectionner les nœuds qui vous relient à la corde, au rocher
et à votre partenaire d'escalade et à vous déplacer efficacement grâce à toutes
sortes de prises de main et de pied. Nous vous présenterons l'équipement et les
vêtements nécessaires pour grimper en tout confort. Nous vous expliquerons
tout ce qui est essentiel pour entreprendre une escalade, avoir la satisfaction
d'en découvrir davantage par vous-même et, nous l'espérons, profiter avec le
plus grand plaisir de la pratique de ce sport unique.

Amusez-vous bien… en toute sécurité !

Nigel Shepherd

go Rudiments

Aperçu...

Le plaisir de bouger sur la paroi : 18-21
. . . .

En grimpant, vous savourerez la sen-
sation du déplacement sur le rocher
et le défi physique qu'il représente.
Vous devrez utiliser la puissance de vos
pieds, de vos jambes, de vos mains et
de vos bras pour rester en équilibre et
vous déplacer, tout en faisant appel
à cette force mentale qui permet de
rester calme dans un environnement
non familier et parfois intimidant.

Les styles d'escalade : 22-27
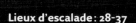

L'escalade de la paroi offre une
gamme de styles qui peuvent
convenir à vos aptitudes et à vos
aspirations. De l'escalade traditionnelle « pure » à l'escalade sportive,
en passant par l'escalade de blocs,
voici un aperçu des techniques
appropriées à chacun des styles.

Lieux d'escalade : 28-37
. . . .

L'escalade se pratique en des lieux qui
comptent parmi les plus beaux sur la
Terre mais, avant de vous aventurer en
plein air, vous feriez bien de fréquen-
ter un centre d'escalade intérieur qui
vous permettra de vous initier en toute
sécurité. Quand vous serez prêt, vous
pourrez explorer le monde de l'escalade sur toutes les parois rocheuses
que vous pouvez imaginer, et découvrir
les caractéristiques et les défis particu-
liers à chacune, qu'il s'agisse de grès,
de grès à gros grains, de rhyolite, de
calcaire ou de granite.

Les plaisirs de l'escalade

La plupart des joies et des satisfactions de l'escalade sont dues au plaisir de bouger sur la paroi. La variété des positions, des prises de main et des prises de pied est infinie. Il n'est pas nécessaire d'être un surhomme pour faire l'expérience du plaisir d'être suspendu à une large prise de main ou de sentir le roc rugueux sous ses pieds.

On trouve généralement de nombreuses prises de main dans les voies faciles, même si ce ne semble pas toujours être le cas. Le choix de certaines prises dépendra surtout de la force que vous avez pour vous agripper et vous hisser. Toutefois, l'escalade ne se limite pas aux prises de main. Comme vos jambes sont plus fortes que vos bras, vous devrez utiliser vos pieds judicieusement pour grimper plus efficacement. Moins l'inclinaison de la paroi rocheuse est forte, plus il sera facile de vous tenir debout. Souvent, il peut sembler qu'il n'y a pas d'endroit pour se tenir debout, alors il faut frotter les pieds sur la paroi rocheuse (voir page 70). Les chaussons d'escalade ont des semelles en caoutchouc fournissant l'adhérence suffisante pour faire porter votre poids sur les pieds sur un rocher qui semble très lisse.

Planification

- L'escalade peut être comparée à un jeu d'échecs : vous savez ce que vous comptez faire, mais vous devez réévaluer souvent votre stratégie, surtout si votre adversaire (la paroi rocheuse) présente des surprises. Ne craignez jamais de reculer un peu pour examiner un problème plus en profondeur.
- Diviser une voie en sections abordables et vous offrir un repos entre les longueurs vous permettront de vous concentrer sur un problème immédiat au lieu de vous inquiéter de ce qui est à venir.
- Efforcez-vous d'atténuer la tension dans vos bras et de les reposer chaque fois que possible. Les pentes douces offrent plus d'occasions de repos que les pentes raides.

Développer ses aptitudes

Les niveaux de difficulté plus faciles font de l'escalade un jeu durant lequel vous pouvez vous concentrer totalement sur les mouvements possibles. Quand vous progresserez dans les niveaux de difficulté et que vous deviendrez plus efficace, vous devrez prendre en considération d'autres aspects. Si vous êtes premier de cordée, des facteurs telle l'installation des ancrages de protection peuvent s'avérer frustrants, mais ce sont des éléments essentiels de l'expérience globale de ce sport.

Les défis des voies plus difficiles

Tout en progressant dans les niveaux de difficulté, vous pourriez vous retrouver sur une pente beaucoup plus raide que ce que vous avez tenté auparavant. Non seulement devrez-vous faire face à la difficulté technique de la prévision des enchaînements de mouvements, mais il vous sera nécessaire de juger si vous avez assez de force dans les jambes, dans les mains, dans les doigts et dans les bras pour vous soutenir pendant ces mouvements. Si les muscles spécifiques à l'escalade ne sont pas suffisamment entraînés, il vous sera difficile de vous fier totalement à votre force naturelle ; c'est alors que votre connaissance des techniques particulières d'escalade deviendra importante. Vous devez prévoir des moments de récupération pendant vos enchaînements de mouvements chaque fois que possible, sinon vos premières incursions sur des pentes raides vous laisseront à bout de souffle et vous aurez dépensé une énergie précieuse qui aurait dû être préservée pour les mouvements nécessaires.

La progression
La satisfaction résultant de la solution de toutes les difficultés du casse-tête est un plaisir mental autant que physique.

La planification
Étudiez bien la voie sur le rocher avant de partir, en notant où il peut être possible de placer la protection.

L'escalade traditionnelle

L'escalade traditionnelle est largement considérée sur le plan éthique comme le moyen le plus pur pour grimper. C'est un style que recherchent encore plusieurs grimpeurs. Ce style remonte aux débuts de l'histoire de l'escalade, vers la fin du XVIIIe et le début du XIXe siècle. Les pionniers n'avaient alors d'autre protection que la corde qui les reliait, alors que les grimpeurs d'escalade traditionnelle d'aujourd'hui utilisent toute une gamme de dispositifs de protection.

Aptitudes pour l'escalade traditionnelle

Les aptitudes requises en escalade traditionnelle dépassent la seule agilité. Savoir placer l'équipement en toute sécurité est une compétence essentielle pour le grimpeur au cours de son ascension. C'est le premier de cordée qui doit installer tous les dispositifs d'ancrage et d'assurance en mouvement pendant son ascension en se servant des caractéristiques naturelles qu'offre la paroi rocheuse. Le premier de cordée transporte ainsi tout un éventail d'équipement, qui comprend des coinceurs de forme biseautée ou hexagonale montés sur un câble ou une sangle, des dispositifs à cames et des anneaux de sangle à enfiler dans les trous du rocher. Ce matériel sera récupéré par le second grimpeur pendant son ascension. L'escalade s'effectue par étapes, qu'on appelle « longueurs », jusqu'au sommet. Les grimpeurs redescendent habituellement par un sentier qui les ramène au pied de la paroi.

Protection sur la voie
Très perfectionné, l'équipement de protection d'aujourd'hui assure une très grande sécurité s'il est bien placé.

Voir DVD
Chapitre 1

L'escalade sportive

L'escalade sportive est un style d'escalade très populaire qui ne nécessite pas beaucoup d'équipement car la protection est installée de façon permanente sur la paroi rocheuse.

Les voies sont généralement d'une seule longueur, se terminant à un point d'ancrage bien avant le sommet de la falaise, duquel votre partenaire peut vous redescendre au sol. Comme vous amarrez la corde dans des pitons fixés en permanence (plutôt que de placer votre propre protection, comme en escalade traditionnelle), l'escalade sportive peut être plus rapide.

Techniques d'escalade sportive

Bien que l'escalade sportive se pratique sur plusieurs types de roc, elle s'effectue le plus souvent sur du calcaire, car les pitons qui y ont été fixés au préalable permettent de grimper des parois d'apparence lisse où il n'y a pas de fissures pour placer la protection traditionnelle. Comme les voies très abruptes sont fréquentes, assurez-vous que vous êtes bien entraîné et que vous aurez assez d'énergie et de force pour y grimper. La sécurité supplémentaire que procurent les pitons fixés à l'avance vous permettra de repousser vos limites et d'essayer de nouvelles techniques.

Des pitons fiables
Les pitons offrent toute l'assurance voulue au grimpeur car on considère qu'ils sont plus fiables que toute protection placée à la main.

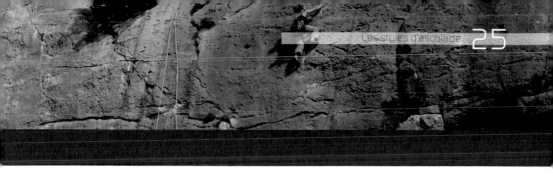

Quel équipement ?

Toute la protection a été fixée au préalable sous forme de goujons insérés dans le roc ou d'ancrages munis d'une plaquette ou d'un œil auquel le grimpeur attache une dégaine. La corde y est ensuite amarrée pour fournir une protection au premier de cordée. Au sommet de la voie, le premier de cordée attache la corde à un point d'ancrage et redescend au sol. C'est pourquoi les escalades sportives ne sont pas plus longues que la moitié de la longueur de la corde, mais attention, certaines escalades sportives modernes peuvent atteindre 30 mètres ou plus. Donc, en certains cas, une corde de 60 ou même de 70 mètres sera nécessaire.

Voir DVD
Chapitre 1

L'escalade de blocs

L'escalade de blocs est pur plaisir car elle offre de nombreux attraits. Plusieurs grimpeurs ne pratiquent que ce style, appréciant le peu d'équipement requis et préférant la nature technique de cette spécialité.

Les grimpeurs d'escalade de blocs vont souvent attaquer des problèmes plus difficiles que dans les autres styles, tout en savourant le côté social et l'énorme défi. Pour le débutant, l'escalade de blocs s'avère un bon moyen de s'entraîner à grimper sur une falaise et un rocher. Il faut vraiment très peu d'équipement : une paire de chaussons d'escalade, un sac à magnésie et un matelas d'escalade suffisent.

a Retour au sol en sécurité

Si vous désirez pratiquer l'escalade de blocs pour apprendre les mouvements de base, choisissez un endroit où une surface plate permet un retour au sol en sécurité.

b Matelas d'escalade

Un matelas d'escalade ou tapis de chute est essentiel. Il vous offre davantage de sécurité pour repousser vos limites.

c Votre « surveillant »

Demandez à un camarade de vous surveiller (pour vous attraper ou vous guider vers le matelas d'escalade) au cas où vous perdriez pied et risqueriez d'atterrir maladroitement après avoir raté un enchaînement de mouvements.

d Trouver les prises finales

Vous pouvez demander à un compagnon d'escalade de vous indiquer où trouver les prises cruciales finales au sommet du bloc.

Voir DVD
Chapitre 1

Où pratiquer l'escalade

Autrefois, l'escalade de rocher était considérée comme une activité mineure dérivée de l'alpinisme et les grimpeurs devaient maîtriser les deux disciplines. De nos jours, c'est un sport en soi, qui se pratique non seulement en montagne, mais également sur des parois près des routes, sur des falaises maritimes, à la plage et, bien sûr, à l'intérieur.

a Lieux d'escalade de blocs

Plusieurs grimpeurs choisissent de se spécialiser en escalade de blocs car ils ont alors l'occasion de pratiquer des mouvements plus difficiles que ceux qu'ils n'oseraient tenter dans un autre style d'escalade.

b Murs d'escalade d'intérieur

Plusieurs grimpeurs ont développé leur goût pour l'escalade en débutant à l'intérieur. L'atmosphère accueillante des centres d'escalade favorise des progrès rapides.

Falaises maritimes

Les falaises maritimes comptent parmi les lieux d'escalade les plus excitants. L'accès même aux falaises s'avère fréquemment une partie de l'aventure. Vous devrez peut-être descendre en rappel entouré de vagues turbulentes ou vous frayer un chemin sur le rivage d'une mer turquoise pour vous rendre au pied de la falaise.

Rochers escarpés en montagne

L'escalade en montagne exige beaucoup sur le plan physique. Certains passages peuvent être mouillés et boueux en raison d'une infiltration d'eau et ne deviendront secs qu'après des semaines de sécheresse. Il sera peut-être nécessaire de transporter de la nourriture, des imperméables et des vêtements chauds dans un sac à dos.

c

d

Le grès

On trouve du grès un peu partout sur la planète mais, parce que c'est un type de roche tendre qui se désagrège facilement, il ne convient à l'escalade qu'en certains endroits.

Là où le grès est relativement tendre et érodé, il ne sera peut-être permis de grimper qu'en moulinette (voir pages 120-121). Comme cette technique ne nécessite pas de placement de dispositifs de protection dans le rocher, celui-ci restera exempt de dommages. La corde glisse dans un point d'ancrage situé au sommet de la voie et un assureur retient la corde dans un dispositif d'assurage pendant l'ascension du grimpeur.

La tendreté du grès entraîne une abondance de fissures et de rainures. L'érosion a façonné diverses caractéristiques tels des surplombs, des arêtes et des toits, qui offrent d'excellentes prises.

toit

arête

surplomb

Le grès à gros grains

Tout comme le grès, le grès à gros grains est façonné par l'érosion. Par contre, c'est une roche beaucoup plus dure qui se prête bien à l'escalade traditionnelle.

Le site d'escalade en grès à gros grains le plus populaire au monde se trouve dans le Peak District, au centre de l'Angleterre. On s'y vante d'une longue tradition d'escalade et les grimpeurs qui le fréquentent ont toujours été les premiers à monter les marches de degrés de difficulté sans cesse plus élevés.

Les arêtes de grès à gros grains ont tendance à être relativement courtes. On peut grimper en style traditionnel à partir du sol, tout en plaçant la protection pendant l'ascension. Il est également possible de grimper assuré depuis le sommet si vous le désirez ; l'assureur peut en effet atteindre à pied la plupart des sommets, où il lui est relativement facile d'installer un point d'ancrage auquel il peut s'assurer en toute sécurité. Il lance ensuite une corde en bas au grimpeur.

Escalader un rocher en grès à gros grains peut être abrasif pour les mains, les jambes et les vêtements, mais ce peut être également extrêmement délicat. Pour certains grimpeurs, aucun autre type de roc n'est aussi satisfaisant.

Le roc de montagne

Tous les types de roches décrits dans ces pages peuvent se trouver dans les massifs montagneux mais il y en a un, la roche ignée, que l'on trouve fréquemment dans les montagnes du Royaume-Uni et de plusieurs autres régions du monde.

La roche ignée se forme durant les périodes volcaniques actives dans l'histoire géologique. Elle se présente sous plusieurs formes et ses caractéristiques en font une surface très intéressante à grimper. La roche ignée, surtout la rhyolite, offre des particularités formidables : des fissures, des parois dotées de prises anguleuses et écailleuses compliquées, de larges toits, des cheminées et des surplombs. Là où les parois rocheuses ont été polies au plus fin par l'activité glaciaire, on observe souvent des dalles qui offrent des voies d'escalade fantastiques grâce à la technique d'adhérence et aux prises anguleuses de main et de pied.

Comme la roche ignée se trouve surtout dans les massifs montagneux, les voies peuvent se partager en plusieurs longueurs. La profusion de caractéristiques naturelles est favorable à de nombreux placements de dispositifs de protection et la durabilité de la roche assure un placement sécuritaire de l'équipement.

Relais sécuritaire
De larges corniches se trouvent souvent dans les voies de massifs montagneux de niveau facile, constituant d'excellents endroits pour installer un relais sécuritaire.

...mur

...sentier de descente

...dalle

a

La pierre calcaire

surplomb

corniche et relais

dalle

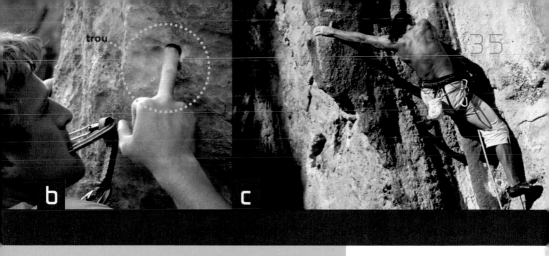

trou

b

c

La pierre calcaire présente des caractéristiques uniques convoitées par les grimpeurs. Sa surface peut varier de très compacte, lisse et polie, jusqu'à très rude et grossière, avec des prises rugueuses ou très tranchantes.

Très abondant en Europe, le calcaire offre un type de roche fréquemment grimpé. On en trouve en haute altitude dans les montagnes, en basse altitude au niveau de la mer, ainsi qu'à tous les niveaux entre les deux. Une des raisons pour lesquelles les grimpeurs favorisent le calcaire est la présence de trous dans la structure rocheuse. Il y a de grands trous, suffisamment larges pour y grimper et souvent garnis d'une arête franche ou prononcée. À l'opposé, les trous peuvent être minuscules et ne permettre l'insertion que d'un ou deux doigts.

Le tuf calcaire est un type de formation rocheuse unique au calcaire qui favorise des escalades intéressantes, généralement à des niveaux de difficulté avancés. Il se forme de la même manière que les stalactites et les stalagmites, c'est-à-dire par l'eau qui a coulé sur le calcaire et à l'intérieur. Le tuf calcaire est le résultat de plusieurs siècles de formation et demeure plutôt rare. Il est néanmoins populaire puisqu'il offre une grande variété d'expériences en escalade.

Escalade sportive
Plusieurs pics de calcaire sont devenus des voies pour l'escalade sportive (voir pages 24-25). La protection est boulonnée de façon permanente dans la paroi rocheuse.

Trous dans le calcaire
Certaines prises demandent de la force dans les doigts, d'autant plus que l'escalade est abrupte.

Escalade sur le tuf calcaire
Plusieurs grimpeurs recherchent les formations rares de tuf calcaire car elles présentent des prises arrondies et franches dans les sections très abruptes de la paroi rocheuse. Sans leur présence, il ne serait pas possible d'y grimper.

Le granite

Le granite se présente sous des aspects variés, compact et lisse ou rude et accidenté. Des températures extrêmes et les glaciations ont créé des formes quasi sculpturales. On trouve des sites de ce genre particulièrement intéressants dans le nord de la Sardaigne et en Corse.

Le granite se trouve dans les hautes Alpes européennes, notamment à Chamonix, sur la côte cornouaillaise et dans les Highlands écossais au Royaume-Uni. Le paysage spectaculaire du parc national de Yosemite ainsi que les murs et les dalles lisses du parc national de Joshua Tree aux États-Unis sont composés de granite. Certains endroits moins accessibles sont aussi reconnus comme de sérieuses invitations à « l'escalade de grande falaise », par exemple le sud du Groenland et l'île de Baffin.

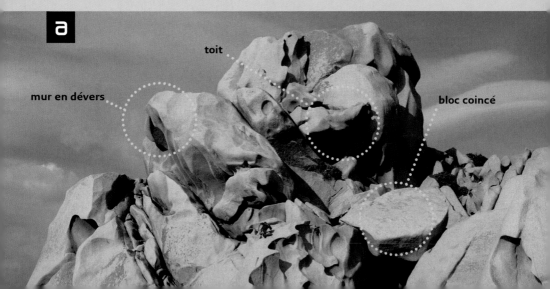

a

toit

mur en dévers

bloc coincé

Rochers escarpés en granite

Les fissures ou les fentes sont une caractéristique commune des rochers en granite. Vous pouvez placer la protection ou coincer les mains et les pieds dans ces fissures (voir pages 76-77) pour assurer une certaine sécurité pendant l'ascension.

Dalles en granite

Même si elles offrent peu de prises, les dalles en granite permettent une bonne adhérence. Il est par contre très difficile d'y insérer la protection sans avoir recours à des goujons forés.

Falaises de granite

Érodées par le vent, la pluie et la mer pendant des millénaires, les falaises de granite peuvent donner lieu à des escalades rudes et sans merci.

Yosemite

Les grands murs de la vallée de Yosemite en Californie se prêtent très bien à l'escalade sur granite.

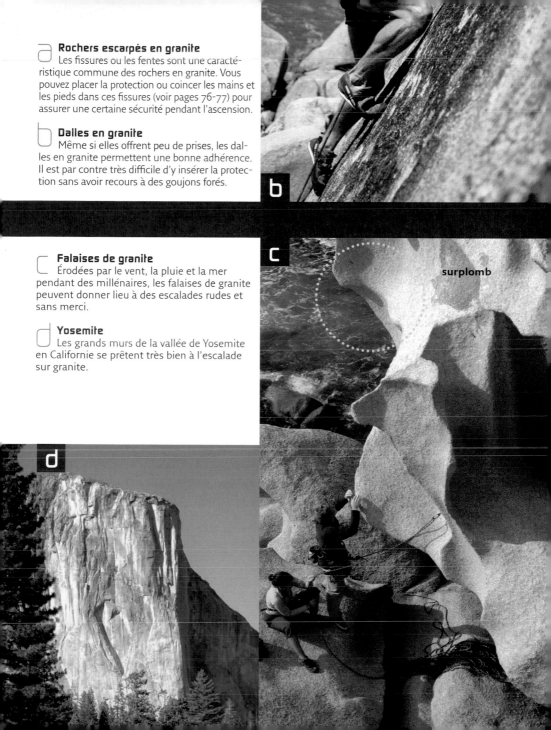

b

c

surplomb

d

go L'équipement

Aperçu...

Sécurité de la tête aux pieds : 42-47

Un investissement dans un équipement de sécurité de bonne qualité est
vital. Du baudrier confortable, bien
ajusté, du casque et des chaussons
d'escalade adéquats jusqu'aux dispositifs d'assurage et à la magnésie
qui garantit une meilleure adhérence,
voici un aperçu de l'équipement
indispensable pour profiter de votre
escalade en toute sécurité.

Cordes et protection : 48-59

Découvrez les différents diamètres
et longueurs de corde disponibles et
leur utilité. Apprenez également à
confectionner les nœuds clés nécessaires en escalade : le nœud en huit,
le nœud de cabestan et le nœud
de chaise. Vous verrez également
les autres pièces d'équipement à
transporter, des anneaux de sangle
aux bicoins, câbles et mousquetons,
et vous comprendrez comment
fonctionne tout cet attirail vital en
tant que chaîne d'assurage pour
retenir une chute.

Vêtements et sacs : 60-65

Que porter et emporter ? Cette
section présente les vêtements
d'escalade qui procurent confort,
allure et sécurité. Vous aurez
aussi besoin d'un sac adapté pour
transporter votre corde et d'un sac
à dos approprié.

L'équipement complet

L'équipement dont vous aurez besoin pour grimper, des vêtements à l'équipement d'assurage, varie selon le style d'escalade et l'endroit.

Si votre première expérience en escalade se déroule sur un mur intérieur, il vous sera possible de louer des chaussons d'escalade et un baudrier, ou de les emprunter à un compagnon d'escalade. L'escalade en style traditionnel nécessite un peu plus d'équipement — vous aurez besoin d'un baudrier, de chaussons d'escalade, d'un dispositif d'assurage avec un mousqueton à vis, d'un sac à magnésie, d'un casque et d'un éventail de dispositifs de protection.

Vêtements
Choisissez des vêtements confortables, qui protégeront votre peau des égratignures et des éraflures et qui seront appropriés aux conditions météorologiques. Favorisez les tissus perméables à l'air, qui permettent d'évacuer la transpiration.

Baudrier
Un baudrier est indispensable au système de sécurité. Il s'ajuste autour de la taille et des cuisses et la corde y est fixée à l'aide d'un nœud en huit ou d'un mousqueton à vis.

Chaussons d'escalade
Les chaussons d'escalade sont munis de semelles lisses et adhérentes en caoutchouc. L'ajustement doit être à la fois confortable et serré. Assurez-vous que votre pied ne tournera pas dans le chausson quand vous vous appuierez sur son rebord intérieur ou extérieur sur une prise minuscule.

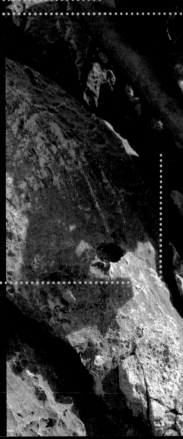

Casque

Le casque est un achat essentiel. Il protège la tête des coups contre la paroi rocheuse et des débris tombants qui pourraient causer des blessures graves à la tête.

Magnésie

La magnésie augmente l'adhérence au rocher. Par contre, comme elle laisse un vilain dépôt sur la paroi rocheuse, utilisez-la avec parcimonie.

Dispositif d'assurage

Le dispositif d'assurage est un article essentiel. Il vous permettra de retenir la corde quand un premier de cordée ou un second fera une chute.

Dispositifs de protection

On trouve de nombreux accessoires destinés à protéger les grimpeurs. Qu'il s'agisse de dispositifs à cames ou de bicoins, de coinceurs hexagonaux ou d'anneaux de sangle, chaque article est approprié à une caractéristique particulière de la roche.

Corde

Plusieurs longueurs et diamètres de corde différents sont utilisés en escalade. Ils sont toujours classés en mesures métriques. Une longueur de 50 mètres est la norme, mais des cordes plus longues sont offertes sur le marché.

Équipement de sécurité personnelle

Votre sécurité personnelle est votre propre responsabilité. Familiarisez-vous avec la manière correcte de porter et d'utiliser l'équipement de sécurité — tels le casque, le baudrier et les dispositifs d'assurage — et vérifiez toujours qu'ils soit disposé correctement avant de grimper.

Tout l'équipement de sécurité utilisé en escalade est obligatoirement soumis à des vérifications rigoureuses avant d'être mis sur le marché. L'organisme international responsable des normes est l'Union internationale des associations d'alpinisme (UIAA). Tout l'équipement vendu doit arborer un sceau CE (conformité européenne) prouvant qu'il est conforme aux normes requises. Assurez-vous que ce sceau apparaît sur chaque article de votre équipement de sécurité.

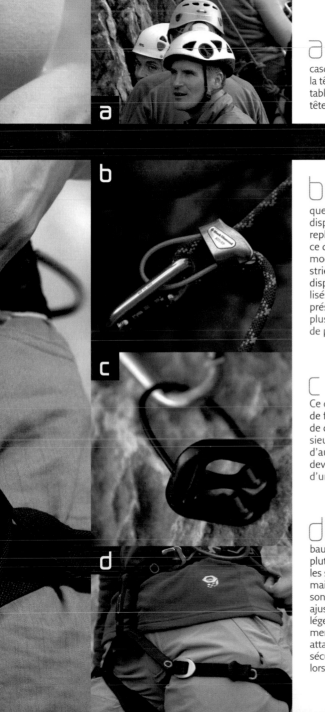

a Casque
Il existe toute une variété de styles de casques, mais tous devraient bien s'ajuster à la tête. Certains sont munis d'un harnais ajustable intérieur pour créer entre le casque et la tête un espace permettant à l'air de circuler.

b Dispositif d'assurage
Les dispositifs d'assurage mécaniques exceptés (voir pages 88-89), les dispositifs d'assurage fonctionnent en repliant la corde pour créer une friction, ce qui augmente la force de freinage (le modèle montré ici est doté d'une entaille striée ajoutant à la force de freinage). Les dispositifs d'assurage sont toujours utilisés avec un mousqueton à vis. Ceux qui présentent un côté large arrondi sont les plus appropriés ; lorsqu'ils sont en forme de poire, on les appelle HMS.

c Dispositif d'assurage à friction variée
Ce dispositif offre deux niveaux de force de freinage selon le côté où la corde de descente en amont est enfilée. Plusieurs dispositifs d'assurage permettent d'augmenter la force de freinage si vous devez stopper la chute d'un premier ou d'un second de cordée.

d Baudrier
Assurez-vous que la ceinture de votre baudrier s'ajuste bien autour de la taille plutôt qu'au niveau des hanches et que les sangles des cuisses sont bien ajustées mais pas trop serrées. Certains baudriers sont munis de sangles pour cuisses ajustables qui s'adaptent à des vêtements légers ou plus épais. Consultez attentivement les instructions du fabricant pour attacher le baudrier avec un maximum de sécurité, sinon il risquerait de se détacher lorsque vous y êtes suspendu.

Les chaussons d'escalade

On trouve toutes sortes de modèles de chaussons d'escalade, conçus selon les styles d'escalade et les niveaux de savoir-faire. Quand vous aurez acquis de l'expérience, il vous sera plus facile de savoir quel modèle convient le mieux à votre propre style d'escalade.

Assurez-vous de choisir un chausson conforme à votre niveau de compétence. Certains grimpeurs portent des chaussons flexibles très serrés pour bien sentir la surface du rocher. Ce choix peut être indiqué quand la précision est indispensable, mais il s'avère inutile si vous débutez. Commencez avec un chausson robuste mais confortable. Une fois que vous aurez développé plus de finesse et que vous souhaiterez sentir chaque nuance de la surface rocheuse, vous pourrez choisir un chausson souple et flexible, mais assez serré.

Certains chaussons d'escalade conviennent mieux à certains styles. Des chaussons souples peuvent causer un inconfort dans les escalades de plusieurs longueurs car vous devrez les porter pendant plusieurs heures consécutives. De longues voies requièrent des chaussons plus confortables, bien ajustés, mais qui laissent de l'espace pour l'expansion. Vous pouvez porter vos chaussons pendant de courtes périodes dans les voies d'une longueur et les retirer pendant une pause ou l'assurage de votre partenaire d'escalade.

a Chaussons à fermeture velcro

Certains chaussons souples spécialisés sont munis de fermetures velcro. Ils sont faciles à mettre et à enlever mais, pour qu'ils soient confortables, ils devront être assez serrés.

b Chaussons à lacets

Les modèles de chaussons et de bottes avec lacets sont très populaires et conviennent bien aux débutants. Ils sont suffisamment flexibles le long de la semelle, mais plus rigides en largeur, ce qui ajoute au confort quand vous vous appuyez sur les rebords intérieurs ou extérieurs du chausson sur des prises minuscules. Au moment de l'achat, privilégiez le confort plutôt qu'un ajustement trop serré.

c Chaussons à talon adhérent

Certains modèles de chaussons sont conçus pour le confort de longue durée et l'escalade technique. Ils conviennent donc davantage à de longues voies divisées en longueurs multiples. D'autres modèles présentent un talon adhérent qui aide à descendre à pied sur les sentiers.

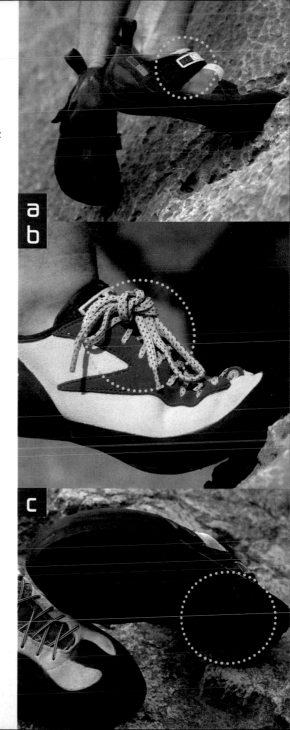

Les cordes

Les cordes se divisent en cordes simples (ou cordes à simple) et demi-cordes (ou cordes à double). Les débutants n'ont besoin que d'une corde simple.

Les cordes d'escalade sont faites de nylon et possèdent un peu d'élasticité pour absorber le poids d'une chute et protéger l'assureur de la force du choc. Cette élasticité réduit la force de choc sur la chaîne d'assurage mais, plus la corde est longue, plus l'étirement est important et plus la chute se prolonge.

Anatomie d'une corde
La force de la corde d'escalade réside dans son noyau tissé, ou *kern*. La gaine extérieure (*mantel*) protège le noyau de l'usure par frottement. Ce type courant de corde en nylon est connu sous le nom de *kernmantel*.

Enroulement de la corde
La corde devrait être enroulée ou empilée dans un sac à corde quand vous ne l'utilisez pas. Pour enrouler la corde, trouvez-en le milieu et formez une boucle d'une longueur de bras que vous laisserez pendre. Placez la corde dans votre main pour former des boucles de la même longueur que la première.

a

Corde simple
À vos débuts, choisissez une corde simple de 10 à 11 mm, qu'il est plus facile de tenir en main. «Corde simple» signifie qu'on peut l'utiliser seule.

Demi-corde
Pour assurer une plus grande sécurité, on doit utiliser la demi-corde avec une deuxième demi-corde. Les demi-cordes ont généralement 9 mm de diamètre, mais il y en a de 8,5 mm. Quand on utilise deux demi-cordes, on doit recourir aux techniques de cordes à double (voir pages 122-123).

Corde accessoire
La corde accessoire a un diamètre plus petit que celui de la corde d'escalade, soit de 3 à 8 mm. On l'utilise pour faire des nœuds de Prussik ou tenir un bicoin.

2 Quand il vous reste un bout de corde de 2,5 m, agrippez les boucles solidement et enroulez le bout de la corde autour de celles-ci. Faites trois ou quatre tours, en direction de votre main.

3 Formez une boucle avec le bout des cordes et passez-la dans le trou formé par les boucles enroulées, puis enfilez le bout des cordes dans cette boucle.

4 Tirez les bouts dans la boucle et votre corde est maintenant enroulée. Vous pouvez passez les bouts de la corde par-dessus vos épaules à la manière d'un sac à dos.

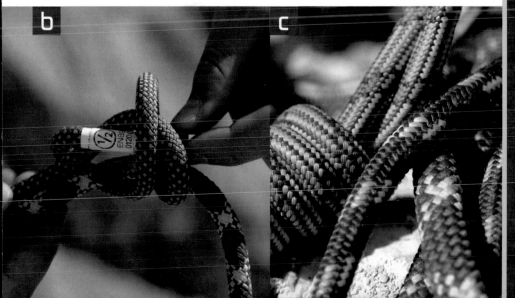

Confectionner les nœuds

Vous devez savoir confectionner quatre nœuds essentiels pour faire de l'escalade de rocher (voir pages 52-53).

Le nœud le plus important est le nœud en huit, dit nœud d'arrêt. On le confectionne de deux façons différentes pour des usages différents. Le nœud en huit double est attaché aux pontets de votre baudrier. Quand vous confectionnez un nœud en huit dans une boucle de la corde, la boucle qui dépasse peut être attachée à un mousqueton à vis amarré à l'anneau d'encordement de votre baudrier (voir pages 84-85). Attachez toujours un nœud d'arrêt double à la suite d'un nœud en huit pour plus de sécurité.

suite à la page 52 >

1 Nœud en huit double
Confectionnez un nœud en huit à un mètre du bout de la corde, puis enfilez le brin libre dans les pontets de cuisses et de la ceinture du baudrier, selon les instructions du fabricant.

2 Le brin libre doit être renfilé dans le premier nœud en huit, dont il suivra scrupuleusement le parcours.

1 Nœud en huit sur une boucle de la corde
Pliez la corde pour former une boucle d'à peu près 80 cm. Commencez le nœud en passant la boucle sous la corde.

2 Passez la boucle derrière par-dessus la corde double et enfilez-la dans la boucle qui vient d'être formée. Serrez fermement.

3 Le brin libre devrait se trouver en direction opposée à vous. Faites glisser la corde jusqu'à ce que la boucle autour des pontets du baudrier soit de la dimension d'un poing.

4 Confectionnez un nœud d'arrêt double. Pour débuter, enroulez le bout de la corde une fois autour de la section principale, puis une deuxième fois par-dessus le premier enroulement, vers le côté du nœud en huit.

5 Pour compléter le nœud d'arrêt double, enfilez le brin libre dans les deux boucles et serrez-le pour qu'il s'ajuste contre le nœud en huit.

3 Pour plus de sécurité, terminez toujours par un nœud d'arrêt double (voir étapes 4 et 5 ci-dessus).

4 Le nœud d'arrêt double est un nœud d'assurance essentiel. Recommencez le nœud s'il ne reste pas suffisamment de corde pour confectionner un nœud d'arrêt double bien solide.

5 Assurez-vous que la boucle est plus grande que le diamètre du mousqueton à vis auquel elle sera fixée.

Voir DVD
Chapitre 1

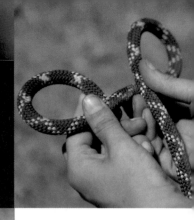

Confectionner les nœuds (suite)

En plus des deux nœuds en huit (voir pages 50-51), il y a deux autres nœuds essentiels à connaître : le nœud de cabestan et le nœud de chaise. Le nœud de cabestan sert notamment à s'amarrer aux points d'ancrage. Le nœud de chaise est un autre nœud pour s'attacher à la corde.

Nœud de cabestan
Le nœud de cabestan est facile et rapide à réaliser. Pour débuter, formez deux boucles tel que montré ci-dessus.

Nœud de chaise
Enfilez la corde dans les pontets du baudrier en commençant par celui du bas. Formez une boucle dans la section principale tel qu'illustré.

2 Maintenez les deux boucles, une dans chaque main, et passez la boucle de droite sous celle de gauche.

3 Accrochez les deux boucles dans un mousqueton à vis. N'oubliez pas de bien fermer le doigt.

4 Pour ajuster le nœud à la bonne longueur et à la bonne tension, resserrez en tirant sur chacune des deux sections de la corde.

2 Enfilez le brin libre dans la boucle, puis passez-le par-dessous et autour de la corde et encore une fois dans la boucle.

3 Ajustez et serrez le nœud en tirant sur la corde jusqu'à ce que la boucle autour des pontets du baudrier soit de la dimension d'un poing.

4 Confectionnez un nœud d'arrêt double contre le nœud de chaise (voir pages 50-51, étapes 4 et 5).

Voir DVD
Chapitre 1

Le matériel de protection

Le matériel de protection désigne les accessoires de protection qui serviront durant l'escalade. On transporte ces pièces d'équipement sur le porte-matériel et on les place dans les fissures du rocher. On y fixe la corde à l'aide d'une dégaine.

Les fabricants d'équipement d'escalade privilégient trois éléments clés : l'utilité, la légèreté et la sécurité.

Bicoins
De forme biseautée, les bicoins sont insérés dans les fissures de façon que, sous une pression, ils se coincent dans la fissure et n'en ressortent pas. Pour bien disposer les bicoins dans les sangles du porte-matériel du baudrier, vous devez regrouper les bicoins de tailles similaires et les transporter sur le même mousqueton. Quand vous aurez à placer une protection, vous serez peut-être chanceux et trouverez tout de suite le bicoin approprié de la bonne taille, mais vous pourrez aussi en trouver assez rapidement un qui convient s'ils sont regroupés par tailles similaires.

suite à la page 56 >

Dispositifs à cames
Les dispositifs à cames (« cames » en abrégé) sont des accessoires de protection qui s'ouvrent pour s'ajuster dans certains types de fissures. Soumises à une charge, les cames sont forcées de s'ouvrir plus grandes, ce qui coince le dispositif dans la fissure. Vous pouvez utiliser les cames dans des fissures à murs parallèles mais de surfaces inégales, pourvu qu'il y ait suffisamment d'espace pour qu'elles puissent s'y coincer.

Coinceurs hexagonaux
L'équipement utilisé pour l'escalade tradition-nelle (voir pages 22-23) comprendra une bonne sélection de coinceurs hexagonaux (aussi appelés hexes). Selon la difficulté de l'es-calade et la protection disponible, il sera peut-être nécessaire d'avoir davantage de coinceurs hexagonaux d'une même taille. On utilise ce type de coinceurs dans des fissures qui se rétrécissent vers le bas, mais on peut aussi les insérer dans des fissures à murs parallèles. Un mouvement de torsion permettra d'enserrer le coinceur dans la fissure.

Le matériel de protection

En plus des dispositifs de protection pour fissures, vous aurez besoin de dégaines, de mousquetons, d'anneaux de sangle, d'un nœud de Prussik et d'un décoinceur en escalade traditionnelle.

Mousquetons

Il en existe deux types principaux : les mousquetons à doigt solide, les mousquetons à doigt de fil pour alléger le poids. Comme il vous sera peut-être nécessaire d'en transporter 24 ou plus, la légèreté est importante.

Dégaines

Une dégaine est constituée d'un mousqueton attaché à chaque extrémité d'une sangle fermée. On l'utilise pour amarrer la corde aux dispositifs de protection dans la paroi rocheuse.

a Décoinceur

Servez-vous d'un décoinceur pour récupérer les bicoins coincés. Vous pouvez vous servir d'un modèle à double crochet pour récupérer les cames.

b Nœud de Prussik

Généralement confectionnée avec une corde accessoire de 6 mm de diamètre et sécurisée au moyen d'un nœud double de pêcheur (voir pages 122-123), le nœud de Prussik assure une protection supplémentaire pendant une descente en rappel.

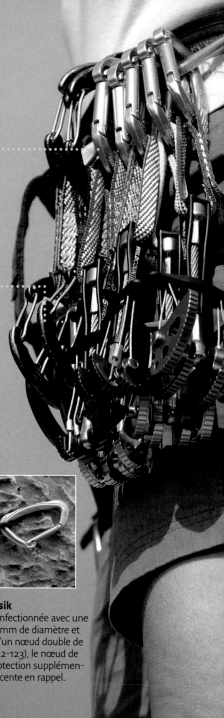

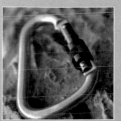

Mousquetons à vis
Quelques mousquetons à vis supplémentaires sont utiles aux points d'ancrage. Les modèles HMS fournissent plus d'espace pour la corde.

Anneaux de sangle
Les anneaux de sangle, de longueur simple ou double, peuvent être placés autour de fragments de roche, glissés autour d'un bloc coincé dans une fissure ou enfilés dans un trou naturel du rocher.

La chaîne d'assurage

Pour atteindre le sommet d'une voie ou d'une longueur, vous devez prévoir un enchaînement de mouvements et placer la protection de sorte que le premier de cordée ou le second n'atteigne pas le sol en cas de chute. La clé est de s'assurer que chaque élément de la « chaîne d'assurage » est bien compris et exécuté.

Assurer le premier de cordée

Le premier de cordée, c'est-à-dire le premier à escalader la paroi, se trouve dans la position la plus précaire. Le second, qui grimpera ensuite, maintient la corde dans un dispositif d'assurage et en alimente le premier pendant son ascension. Le premier place les dispositifs de protection en les coinçant dans les fissures du rocher et en fixant la corde à chacun d'eux par une dégaine. S'il chute, il ne devrait tomber que de deux fois la distance depuis le dernier point d'assurage, car le second bloquera le dispositif d'assurage et empêchera tout glissement de corde. Ce système de sécurité, ainsi que la façon dont les grimpeurs s'ancrent eux-mêmes au rocher, s'appelle « chaîne d'assurage ».

Assurer le second par en haut

Quand le premier atteint la fin de la longueur, il s'assure lui-même à un ancrage qu'il aura installé ou à un ancrage déjà fixé en permanence. Il place ensuite la corde dans un dispositif d'assurage. Une fois assuré par le premier, le second commence son ascension. S'il éprouve des difficultés et doit être retenu par la corde, le premier doit être prêt à garder la corde tendue pour prévenir toute chute. Une fois la corniche ou le relais atteint, le second s'attache à l'ancrage à son tour et on recommence jusqu'à ce que les deux grimpeurs aient atteint leur objectif.

1
La chaîne d'assurage à l'œuvre
Le premier de cordée grimpe la première longueur de la voie, tout en plaçant la protection là où c'est possible. Le second assure depuis le sol.

2
Le premier tombe inopinément, mais se trouve à une courte distance au-dessus du dernier point d'assurage. Le second bloque le dispositif d'assurage et s'arc-boute pour retenir la chute.

3
La corde se tend et reste maintenue en place par le dispositif d'assurage en position de blocage ainsi que par chaque accessoire de protection. La corde retient ainsi le premier, qui est sain et sauf.

Voir DVD
Chapitre 1

Les vêtements par beau temps

Pendant les journées chaudes, vous devrez vous habiller le plus légerement possible puisque grimper peut être exténuant à la chaleur.

Dans les régions chaudes, plusieurs grimpeurs préfèrent s'aventurer sur le rocher durant les heures les plus fraîches de la journée, soit tôt le matin, en fin d'après-midi ou en début de soirée. Si vous désirez grimper durant les heures plus chaudes, vous pouvez rechercher un rocher qui se trouve à l'ombre ou vous rendre à une altitude plus haute.

Des shorts et une veste ou un t-shirt sont confortables par temps chaud, mais ils ne fournissent guère de protection contre les coups et les égratignures. Vous risquez également d'attraper un coup de soleil. Choisissez des gilets ou des t-shirts faits de tissus extensibles et frais et caractérisés par un facteur élevé de protection contre le soleil (FPS). Si vous portez des shorts, optez pour un tissu solide et une coupe pratique, sinon vous vous retrouverez peut-être dans une situation vulnérable. Plusieurs fabricants offrent des shorts faits d'un tissu résistant à l'usure, mais qui comporte un élément extensible. C'est un excellent choix.

Si vous préférez vous couvrir davantage, un pantalon léger d'une couleur pâle qui reflète la lumière préviendra les coups de soleil et vous protégera contre les saillies et les égratignures.

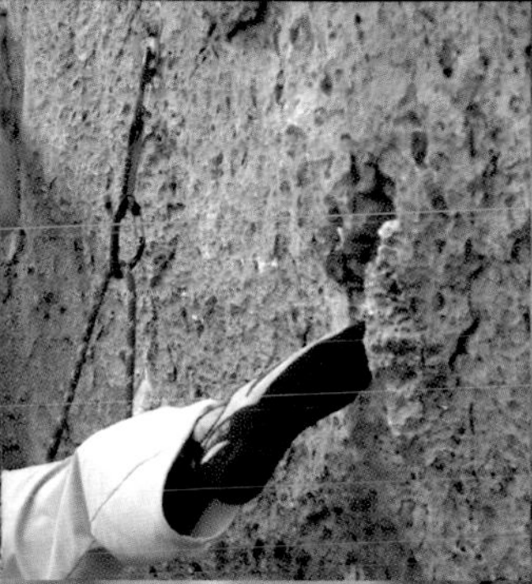

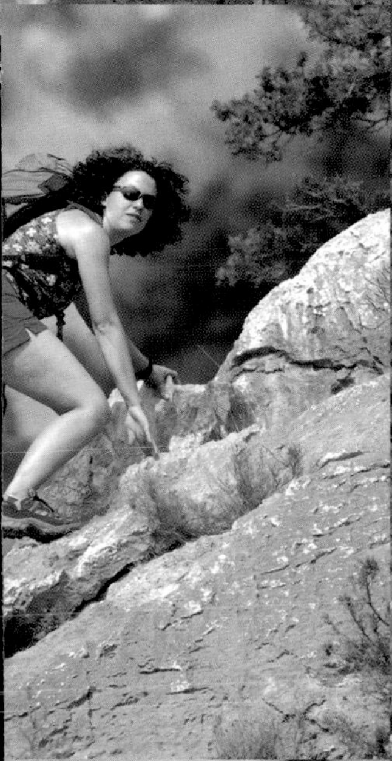

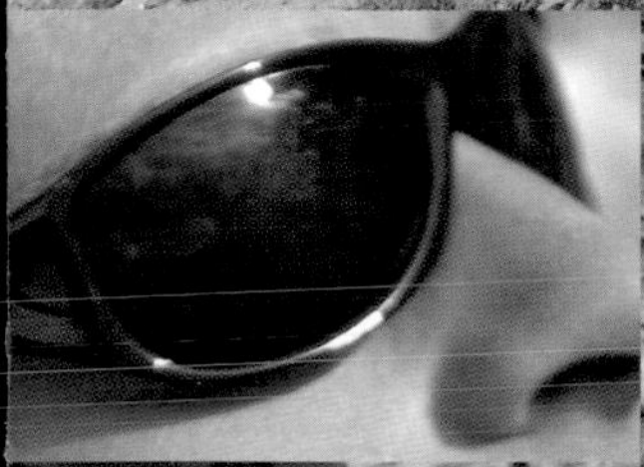

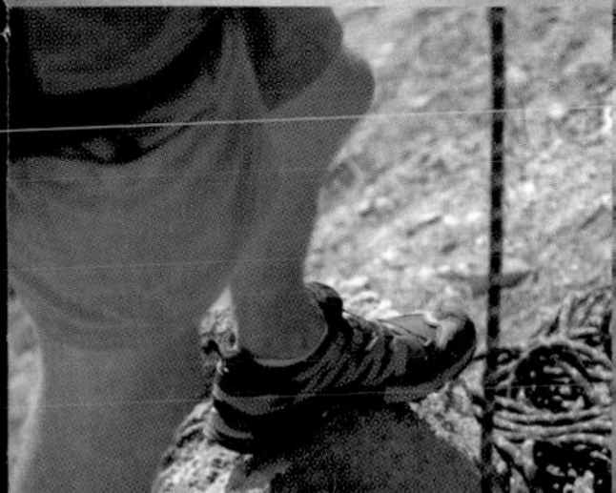

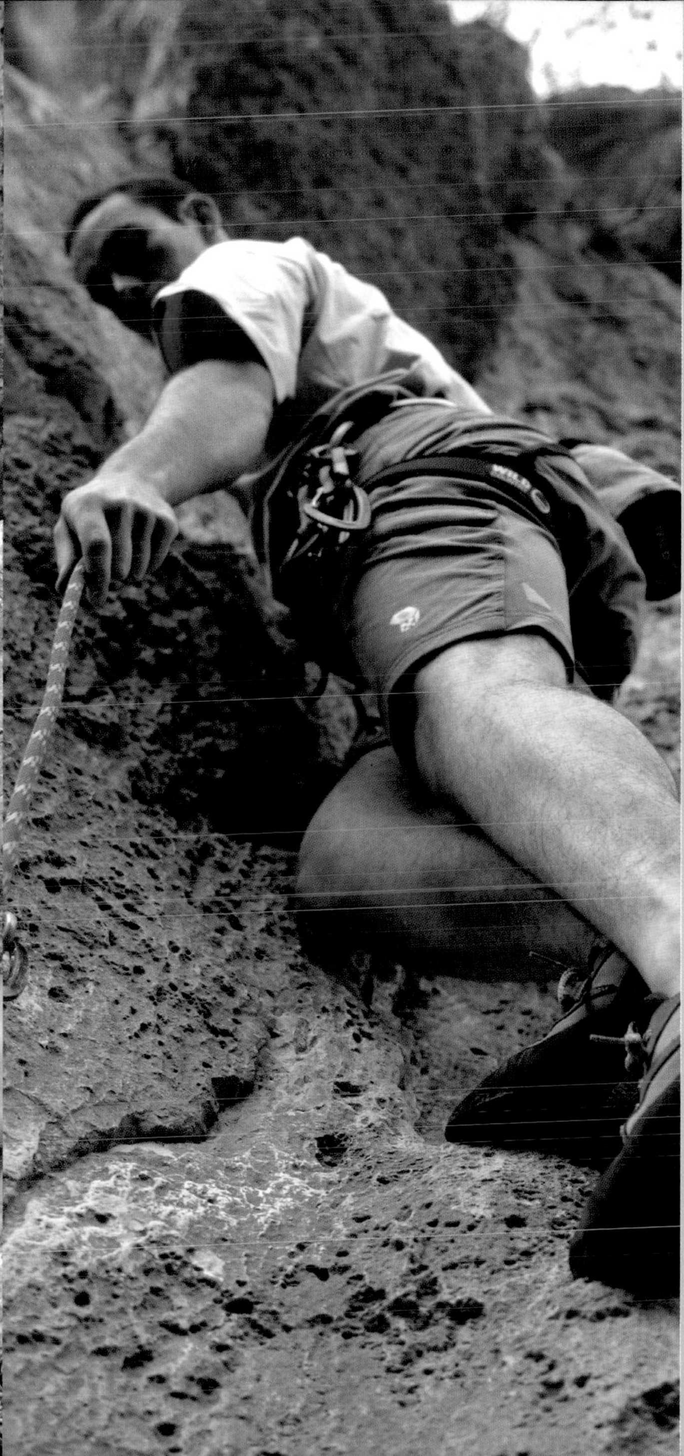

Les vêtements par mauvais temps

L'escalade sous une pluie abondante est déplaisante car le rocher devient très glissant. Vous ne grimperez donc pas souvent par mauvais temps. Par contre, vous pouvez vous faire surprendre par le mauvais temps en certaines occasions. Si vous partez en montagne, emportez toujours des vêtements chauds et imperméables.

En couches superposées

Vous pouvez porter des vêtements en couches superposées pour vous garder au chaud pendant que vous attendez et enlever des couches pour ne pas avoir trop chaud durant une ascension ardue.

Première couche

La première couche isolante doit pouvoir vous garder au chaud tout en permettant d'évacuer la transpiration. Les produits en laine naturelle mérinos sont supérieurs aux vêtements en tissu synthétique.

Deuxième couche

Le molleton est idéal comme deuxième couche. S'il fait extrêmement froid, vous devrez peut-être porter deux couches isolantes.

Couche extérieure

Choisissez un tissu imperméable et perméable à l'air pour la couche extérieure. Par temps glacial, vous pouvez porter une veste ou un blouson en duvet et un chapeau, mais vous devrez retirer vos gants avant de commencer à grimper.

Le transport de l'équipement

Un sac à dos sera nécessaire pour transporter tout l'équipement jusqu'au pied de la voie. Vous aurez peut-être besoin aussi d'un sac à dos pour les longues voies, dans lequel vous transporterez des vêtements supplé-mentaires qui serviront durant ou après l'escalade au cas où vous finiriez très loin du point de départ. La capacité des sacs à dos se mesure en litres.

Rester hydraté

Apportez toujours de l'eau pour rester hydraté pendant l'escalade. On trouve sur le marché des bouteilles d'eau de capacités variées, ainsi que des systèmes d'hydratation où l'eau est contenue dans une gourde munie d'un tube par lequel elle est aspirée. Certains sont intégrés dans le sac à dos, mais on peut aussi se les procurer séparément.

Types de contenants d'eau
Gourdes et bouteilles d'eau sont un excellent moyen pour transporter l'eau en escalade. Si vous entreprenez une longue voie, choisis-sez un contenant d'une capacité d'environ deux litres.

a

b

⌐ Sac d'usage universel
Un sac à dos d'une capacité de 30 litres est idéal pour transporter vêtements et équipement jusqu'au rocher, mais un sac à dos plus petit peut être utile pour une escalade sportive ou sur blocs. Les modèles se présentent soit avec une fermeture à glissière, soit avec une ouverture munie d'un rabat.

⌐ Sac pour usage technique
Certains sacs à dos sont conçus pour l'escalade de rocher. Leur forme étroite permet de les porter pendant l'ascension sans que le mouvement des bras en soit gêné. Des sangles sur le côté peuvent servir à accrocher des accessoires comme des piolets ou des crampons (pour usage en hiver ou en alpinisme).

Utilisation d'un sac à corde
Un sac à corde est idéal pour ranger la corde et la transporter au lieu de l'escalade. La corde est simplement empilée, et non enroulée, dans le sac, qu'on porte ensuite sur l'épaule. La majorité des sacs peuvent être dépliés et étendus pour servir de bâche qui protège la corde de la poussière et du gravier, lesquels peuvent à long terme causer des dommages inaperçus à la corde.

go Premiers pas

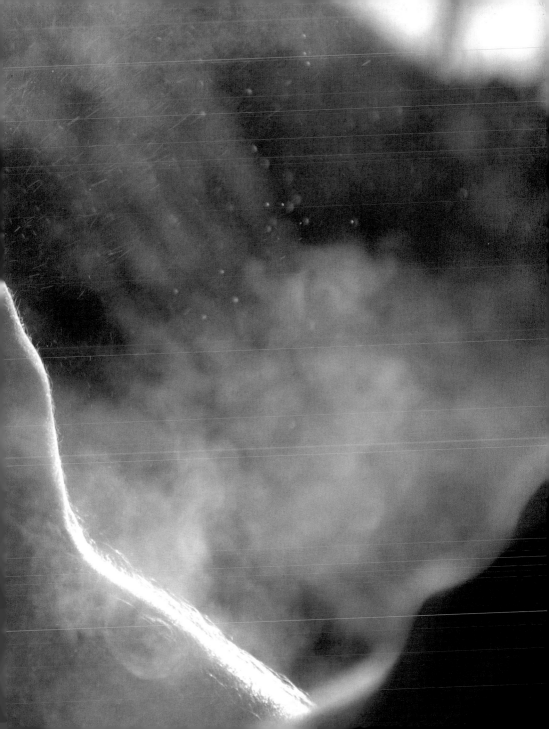

Aperçu...

Apprentissage de base : 70-77

Développez votre confiance en utilisant les prises de main et de pied pour garder votre équilibre et vous déplacer sur le rocher avant d'entreprendre de longues voies. Si vous effectuez votre apprentissage à l'extérieur ou sur blocs, choisissez une voie à inclinaison faible offrant de bonnes prises pour les mains et les pieds.

Prises supplémentaires : 78-83

Une fois que vous maîtriserez les notions élémentaires, vous pourrez passer à des mouvements et à des voies plus difficiles. Plusieurs types de prises peuvent vous aider dans votre apprentissage des différents styles de mouvement sur la paroi. Choisissez une zone sur un rocher bien pourvue de prises de main et de pied.

Techniques de base de cordage : 84-89

L'apprentissage des principes d'encordement est essentiel pour vous initier à l'escalade. Les murs d'escalade intérieurs sont idéaux pour entreprendre vos premières leçons dans un environnement sûr ouvert à l'année.

Équilibre et mouvement

Savoir garder son équilibre est important pour pouvoir se déplacer avec fluidité sur une paroi. Or, la clé de l'équilibre est le placement des pieds. Apprendre à faire confiance à ses chaussons d'escalade pour se maintenir sur un rocher lisse ou sur des saillies minuscules exige du temps et de l'entraînement. Vos jambes sont les muscles les plus forts de votre corps. Vous devez donc utiliser vos pieds à leur potentiel maximal pour grimper efficacement.

1 Pour commencer, essayez de vous déplacer sur une dalle rocheuse relativement lisse en frottant votre chausson d'escalade sur la roche et en appuyant fermement pour créer une friction. Utilisez vos mains comme outil pour vous maintenir en équilibre.

2 Déplacez-vous vers le haut, vers le bas et de côté pour vous assurer que vos pieds adhèrent bien au rocher. Vous devrez veiller à ce que les semelles de vos chaussons soient propres et sèches avant de partir.

Escalade efficace

Quand vous devez vous appuyer sur une prise de pied, faites attention de ne pas trop vous étirer. Des déplacements plus petits et plus courts sont plus efficaces qu'une grande enjambée. Transférez votre poids sur le pied sur lequel vous désirez vous soutenir et utilisez les muscles forts du haut de la cuisse pour faire le travail pour vous. Regardez vos pieds pour estimer la façon la plus efficace de vous déplacer d'une prise de pied à une autre.

3 Essayez de trouver de petites saillies ou des prises de pied pour vous soutenir. Vous trouverez moins fatigant de vous appuyer sur le rebord intérieur ou extérieur de votre chausson que sur les orteils.

4 Ensuite, combinez des maintiens de frottage contre la paroi avec des prises de pied, toujours en utilisant vos mains seulement pour rester en équilibre ou, à l'occasion, en ayant recours à quelques prises de main pour vous donner confiance.

Voir DVD
Chapitre 2

Les prises de main

Un bon jeu de pieds est la clé d'une escalade efficace, mais vous devrez également utiliser des prises de main.

Vous devriez avoir recours à des prises de main en association avec le travail de vos pieds et de vos jambes plutôt que d'essayer de grimper uniquement à la force de vos bras et de vos doigts. Vous aurez l'occasion d'expérimenter ce dernier exercice plus tard, à un niveau avancé, sur des parois abruptes ou en dévers, ou en grimpant des toits.

Trouvez une section de la paroi un peu plus abrupte pour vous entraîner. Un bloc rocheux offrant une variété de prises de main et de pied est idéal. Exercez-vous en vous agrippant aux prises par en bas et de côté. Essayez d'enchaîner une série de prises, tout en vous concentrant pour maintenir une bonne posture et votre équilibre en faisant le moins d'effort possible. Une fois que vous aurez effectué une séquence de mouvements, retournez au départ de la section pour voir s'il est possible d'y grimper d'une autre manière. Essayez de trouver le chemin le plus efficace.

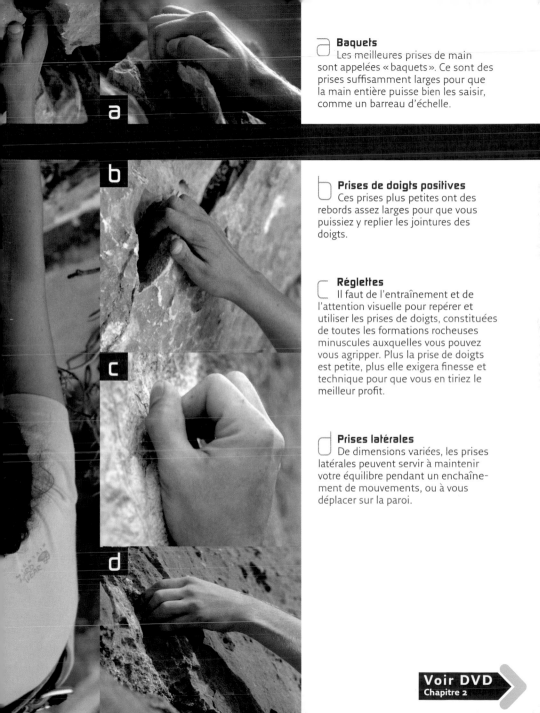

Baquets

Les meilleures prises de main sont appelées « baquets ». Ce sont des prises suffisamment larges pour que la main entière puisse bien les saisir, comme un barreau d'échelle.

Prises de doigts positives

Ces prises plus petites ont des rebords assez larges pour que vous puissiez y replier les jointures des doigts.

Réglettes

Il faut de l'entraînement et de l'attention visuelle pour repérer et utiliser les prises de doigts, constituées de toutes les formations rocheuses minuscules auxquelles vous pouvez vous agripper. Plus la prise de doigts est petite, plus elle exigera finesse et technique pour que vous en tiriez le meilleur profit.

Prises latérales

De dimensions variées, les prises latérales peuvent servir à maintenir votre équilibre pendant un enchaîne-ment de mouvements, ou à vous déplacer sur la paroi.

Voir DVD
Chapitre 2

Se déplacer sur la paroi

Maintenant que vous vous êtes familiarisé avec une variété de mouvements en vous servant des prises de main et de pied, il est temps d'entreprendre une courte voie avec corde ou de vous attaquer à un bloc plus imposant. La séquence ci-dessous montre comment enchaîner des mouvements pour progresser sur une section de paroi. Avant de commencer, visualisez le cheminement. Essayez de repérer les prises et les aires de repos les plus évidentes.

1 Le grimpeur commence son ascension en posant ses mains sur un rebord incliné et il se prépare à lever les pieds.

2 Se soutenant à l'aide de ses mains sur le rebord incliné, il élève son centre de gravité sur une prise de pied.

3 La main gauche se transforme en prise de paume pour lui permettre de pousser son poids vers son pied droit et d'atteindre une prise plus haute.

Prévoir les mouvements
Avant de débuter, analysez le problème depuis le sol et notez l'emplacement des meilleures prises. Une fois parti, gardez votre plan à l'esprit pour savoir comment vous y prendre, mais n'ayez pas peur d'en changer si les prises ne se présentent pas tel que prévu.

4
Il retourne sa main droite paume vers l'extérieur pour saisir la prise latérale et, en remontant son pied gauche sur le rebord incliné, il se retrouve en posture de repos.

5
Il change la position de sa main droite sur la prise pour faciliter sa récupération et il utilise sa main gauche pour maintenir son équilibre.

6
Tout en gardant les mains à peu près dans la même position, il effectue une grande enjambée vers le haut et la droite pour gagner en hauteur. Il est maintenant capable de rejoindre les prises de main suivantes.

Voir DVD
Chapitre 2

Mettre à profit les prises de main et de pied

Vous utiliserez plusieurs prises de main et de pied et diverses positions corporelles en escalade. Certaines prises de main vous permettent de vous hisser avec force, d'autres assurent votre équilibre ou, occasionnellement, peuvent être mises à profit pour pousser. Les techniques d'utilisation des prises de main et de doigts varient selon les caractéristiques du rocher.

a Appui de paume

Occasionnellement, vous pourrez poser votre main à plat contre la paroi et pousser vers le bas. Ici, cela permet au grimpeur de déplacer son pied gauche vers le haut. En combinant une prise positive de sa main droite avec une poussée ferme de sa main gauche, il peut y arriver plus efficacement.

b Trou pour doigts

On utilise seulement trois doigts dans un trou pour doigts. L'index et l'annulaire agrippent le rebord du trou, tandis que le majeur se place par-dessus les deux autres. Le pouce aide en poussant vers l'intérieur sur une petite saillie. Il faut une bonne force dans les doigts pour vous hisser au moyen de cette prise.

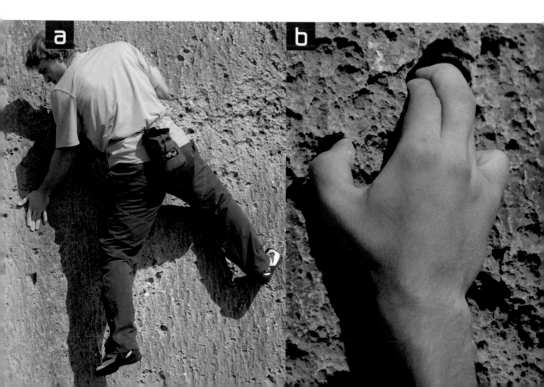

Calage

Pour mettre à profit des prises minuscules avec les pieds, on emploie une technique appelée « calage ». Comme s'appuyer sur la pointe des pieds sur de petites saillies avec un chausson flexible devient vite épuisant, on utilisera plutôt le rebord du chausson. Ici, c'est le rebord intérieur qui est entré en jeu. La direction du prochain mouvement mais aussi votre propre confort vous dicteront quel rebord utiliser, intérieur ou extérieur.

Prise inversée

Vous pouvez vous reposer sur un rocher abrupt en utilisant une prise inversée — garder le bras étendu s'avère moins fatigant. Ici, le grimpeur a recours à cette prise pendant qu'il prend une dégaine pour la placer dans le prochain point d'ancrage. Vous pouvez utiliser une prise inversée qui vous permettra de monter les pieds très haut afin de vous étirer pour atteindre une prise éloignée.

Grande enjambée

Vous ne devriez pas faire trop de grandes enjambées en grimpant, mais elles seront inévitables de temps en temps. Une fois que vous avez déplacé votre pied sur une prise plus haute, transférez votre centre de gravité directement par-dessus. Poussez fermement sur votre pied et tirez avec vos mains pour compléter le mouvement dans un confort relatif.

Le verrou et le ramonage

Quand vous vous trouvez devant une fissure où il n'y a apparemment aucune prise, vous pouvez y coincer les mains et les pieds pour progresser. Si la fissure est suffisamment large, vous pourrez vous y engager en entier et utiliser les côtés pour grimper. C'est une technique qu'on appelle « ramonage ».

a Coincement de main

Insérez votre main dans une fissure de dimension appropriée et poussez le pouce dans la paume. Arquez la main pour forcer les doigts d'un côté de la fissure et le dos de la main de l'autre côté. Assurez-vous que votre main est coincée solidement et que la peau ne plisse pas quand vous y mettez votre poids.

b Coincement de poing

Ce type de coincement convient aux fissures plus larges. Poussez votre poing dans la fissure et coincez-le solidement, ou élargissez-le en poussant le pouce dans la paume. Gardez la peau très tendue. Les coincements de poing peuvent être employés la paume vers le bas ou vers le haut.

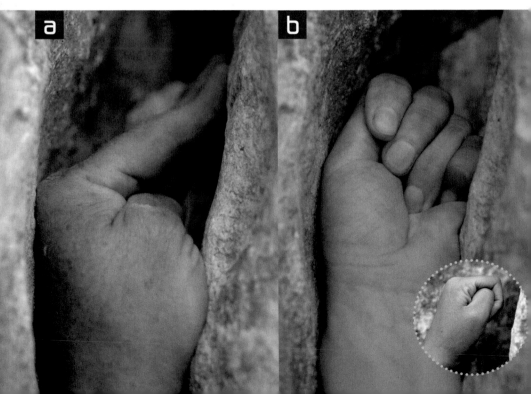

Ramonage

Le moyen le plus efficace pour grimper dans une large fissure, c'est-à-dire une cheminée, consiste à employer la technique d'opposition dos-pieds. Poussez les pieds contre un côté de la cheminée et le dos contre le côté opposé. Tout en montant un pied, utilisez vos bras pour vous hisser un peu avant de coincer vos jambes dans la cheminée. Si la cheminée est plus large, vous devrez écarter les jambes d'un côté à l'autre.

Verrou de doigts

Le verrou de doigts convient aux fissures étroites. Il est utile qu'il y ait une obstruction dans la fissure contre laquelle vous pourrez coincer le doigt inférieur. Si possible, insérez les quatre doigts dans la fissure et coincez en tournant la main. Dans certains cas, vous ne pourrez y insérer qu'un seul doigt.

Verrou de pied

Placez votre pied dans la fissure et essayez de le tourner pour le coincer solidement. Si la fissure est plus large, vous devrez y coincer votre pied en longueur.

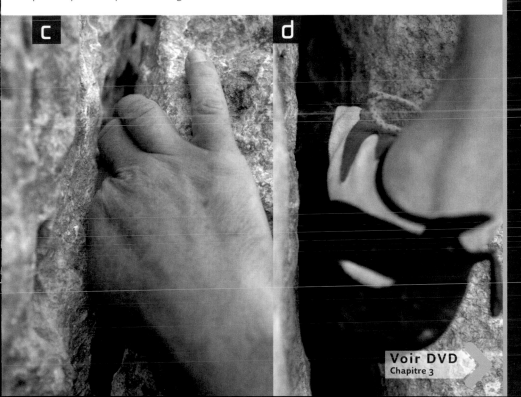

Voir DVD
Chapitre 3

Le rétablissement et les surplombs

Le rétablissement est une technique qui sert à atteindre une corniche où il n'y a pas de prises positives au-dessus. C'est un mouvement très ardu qui nécessite une certaine flexibilité et une bonne coordination. Certains surplombs peuvent présenter des prises positives au-dessus, mais y grimper est ardu également. Les surplombs peuvent être aussi bien des saillies prononcées dans la paroi de la largeur de quelques doigts que des plateformes beaucoup plus larges.

1 Rétablissement
Repérer des prises de pied avant de commencer vous permettra de monter les pieds le plus haut possible. Saisissez la plateforme avec vos mains et hissez-vous.

2 Quand la corniche est à la hauteur de votre poitrine, poussez avec les pieds pour transférer votre centre de gravité par-dessus vos mains.

3 Une fois que vos mains seront à plat sur la corniche, vous devrez forcer et pousser avec les bras jusqu'à ce qu'ils soient complètement droits. C'est alors que les prises de pied repérées plus tôt seront très utiles.

Escalade des surplombs

Il faut beaucoup de force et de détermination pour grimper un surplomb. Utilisez une prise inversée pendant que vous vous allongez pour atteindre un rebord du surplomb (à droite), ou laissez pendre vos jambes dans le vide pour vous hisser par-dessus au moyen d'une prise baquet (à l'extrême droite).

4 Tout en gardant les bras étendus, faites preuve d'agilité pour tenter de placer votre pied près de vos mains. De bonnes prises de pied vous aideront énormément.

5 Quand vous avez posé votre pied sur la corniche, poussez fermement pour vous redresser jusqu'à ce que vous puissiez y poser l'autre pied et vous redresser.

Rouler sur le ventre

Si vous ne pouvez pas redresser les bras comme à l'étape 3, vous devrez recourir au transfert de votre centre de gravité comme dans la technique de base, mais en donnant un coup de pied pour hisser la jambe sur la corniche, avant de rouler sur le ventre.

Voir DVD
Chapitre 3 >

Le Dülfer et le pontage

Le Dülfer est un enchaînement puissant de mouvements utilisant une opposition des mains et des pieds. Tirez de côté avec les mains et poussez en sens contraire avec les pieds. Le pontage par contre s'avère beaucoup moins laborieux.

Si vous perdez prise avec les mains et les pieds pendant le Dülfer, vous serez projeté de la paroi; il est donc sage de vous exercer à cette technique sur des blocs avant d'y avoir recours en escalade. Vous pouvez franchir un coin ou une fissure dans une voie en utilisant des prises de pied sur les murs opposés ou simplement en frottant vos pieds et vos mains sur le rocher.

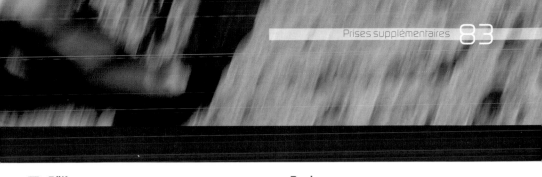

Dülfer

Un mouvement occasionnel en Dülfer peut vous aider à maîtriser un déplacement problématique sur la paroi. Rappelez-vous de toujours maintenir une pression et de ne déplacer les pieds et les mains que petit à petit.

Grimper de longues sections en Dülfer est épuisant, encore plus s'il faut placer la protection. Ne sous-estimez donc pas l'engagement sollicité.

Pontage

Cette technique est excellente pour récupérer sans avoir recours aux mains. Ici, le grimpeur a trouvé une position confortable en chevauchant un coin étroit, de sorte qu'il a pu laisser tomber les deux bras de chaque côté pour se reposer.

Ici, le grimpeur se trouve sur une section du rocher en surplomb. Il a réussi à effectuer un large pontage d'un côté à l'autre d'une dalle, ce qui lui permet de forcer beaucoup moins avec ses bras. Il a recours à une prise de pince avec ses mains pour maintenir son équilibre.

c

d

Voir DVD
Chapitre 3

L'encordement

Les nœuds habituels pour attacher la corde au baudrier sont le nœud en huit double ou le nœud de chaise (voir pages 50-53). Un autre choix consiste à confectionner un nœud en huit dans une boucle de la corde et à l'attacher au baudrier à l'aide d'un mousqueton à vis.

a Nœud en huit double

Confectionnez un nœud en huit dans la corde et enfilez le brin libre dans les pontets de la ceinture et des cuisses du baudrier (consultez les instructions du fabricant). Ce brin doit être renfilé dans le nœud en huit. Pour plus de sécurité, confectionnez un nœud d'arrêt double avec le bout de la corde et ajustez-le solidement contre le nœud en huit. Laissez dépasser le brin libre de 3 cm ou plus, sinon le nœud pourrait se défaire sous la pression.

b Nœud en huit sur boucle attaché à un mousqueton

Confectionnez un nœud en huit double au bout de la corde, en vous assurant que la boucle finale soit suffisamment large pour s'insérer dans le mousqueton à vis. Attachez le mousqueton à l'anneau d'encordement du baudrier et assurez-vous qu'il est bien fermé. Cette méthode a pour avantage de permettre un passage plus rapide du bout de la corde d'un grimpeur à un autre.

Conseils pour s'attacher

- La boucle formée après l'exécution du nœud devrait être assez large pour laisser passer un poing. Cette boucle est un élément clé de certaines techniques d'assurage (voir pages 86-87).

- Le nœud doit être bien fait et évident. Tous les brins de la corde doivent être serrés et symétriques.

- Serrez toujours le nœud après son exécution — la corde ne doit pas être lâche dans le nœud.

- Avant d'attaquer une voie, vérifiez encore une fois que votre baudrier est attaché correctement et que le nœud est bien amarré aux pontets appropriés.

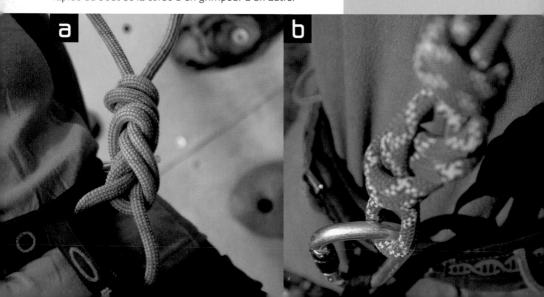

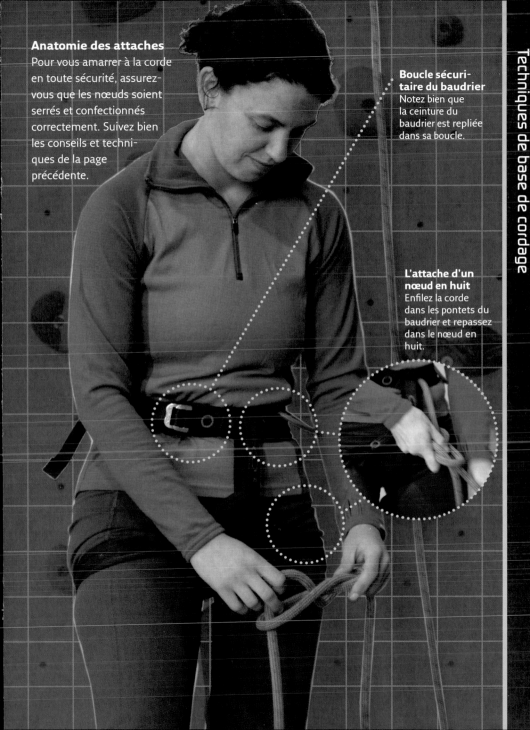

Anatomie des attaches
Pour vous amarrer à la corde en toute sécurité, assurez-vous que les nœuds soient serrés et confectionnés correctement. Suivez bien les conseils et techniques de la page précédente.

Boucle sécuritaire du baudrier
Notez bien que la ceinture du baudrier est repliée dans sa boucle.

L'attache d'un nœud en huit
Enfilez la corde dans les pontets du baudrier et repassez dans le nœud en huit.

L'assurage

L'assurage est la technique utilisée pour retenir la corde en toute sécurité de façon à assurer votre partenaire d'escalade. Tous les dispositifs d'assurage fonctionnent sur le même principe : il se produit une friction quand on passe la corde dans le dispositif et autour du mousqueton à vis attaché à l'anneau d'encordement du baudrier. Pour produire la force de freinage, il suffit de bloquer la corde de descente en amont, dite « corde libre », en la tirant dans un angle fermé opposé à la direction de l'alimentation.

Techniques d'assurage

La technique d'assurage diffère selon la position relative de l'assureur. Quand vous assurez un premier de cordée, donnez du mou à la corde pendant son ascension, puis replacez la corde libre en position de blocage quand il est stationnaire.

Que vous assuriez un grimpeur par en haut, comme du sommet de la première longueur d'une voie, ou que vous l'assuriez par en bas (voir à droite), gardez la corde tendue en tout temps, tout en maintenant une prise constante sur la corde libre avec la main qui contrôle la descente.

En certaines occasions, votre partenaire aura besoin d'une corde plus tendue et criera : « À sec ». Tirez alors la corde autant que possible en maintenant la position de blocage. Mettre tout son poids sur la corde en gardant le dispositif d'assurage bloqué est le meilleur moyen de tendre la corde au maximum.

1 Assurage par en bas
Agrippez la corde en aval de votre main gauche. Tirez-la par en bas et utilisez la main qui contrôle (en ce cas-ci la main droite) pour tirer la corde libre dans le dispositif d'assurage.

Enfiler la corde

Prenez une boucle de la corde et passez-la dans un des trous du dispositif d'assurage. Assurez-vous que la corde « en aval » passe par le haut du dispositif tandis que la corde « libre » passe par le bas. Attachez la boucle de la corde et la boucle de plastique du dispositif d'assurage à un mousqueton à vis qui devrait déjà être attaché à l'anneau d'encordement de votre baudrier.

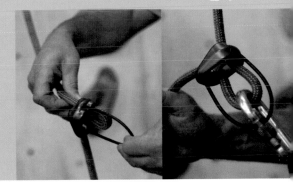

2 Tout en tirant la corde libre à travers le dispositif d'assurage, votre main qui contrôle le freinage descend vers la cuisse, ce qui place la corde libre dans un angle opposé à la direction d'alimentation de la corde. C'est ce qu'on appelle la « position de blocage ».

3 De votre main gauche, agrippez la corde libre en position de blocage pendant que votre main qui contrôle le freinage revient près du dispositif d'assurage. Agrippez la corde libre de votre main qui contrôle et replacez votre main gauche dans la même position qu'à l'étape 1.

Voir **DVD**
Chapitre 4

La descente

La technique pour descendre un grimpeur d'un mur d'escalade ou d'un rocher est la même, qu'elle soit effectuée par en haut ou par en bas.

Avec un dispositif d'assurage

Quand vous utilisez un dispositif d'assurage pour la descente, le point clé à vous rappeler est de toujours maintenir la corde en position de blocage (voir pages 86-87). Quand vous assurez depuis le bas (à droite), comme en escalade sportive ou sur un mur intérieur, vous avez l'avantage de la friction du point d'ancrage de descente pour vous aider à retenir le poids de votre partenaire.

1 Avec un dispositif d'assurage autobloquant
Un dispositif d'assurage autobloquant tel un Grigri est pratique en escalade sportive, mais ne peut être utilisé que pour assurer par en bas.

2 Tirez doucement le levier vers vous jusqu'à ce que la corde commence à glisser dans le dispositif et donnez de la corde avec l'autre main.

3 N'assurez jamais une descente en n'utilisant que le levier. Vous devez maintenir la corde avec l'autre main en tout temps. Pour arrêter, relâchez le levier et la corde sera bloquée.

Assurage de descente par le haut

Quand vous assurez par le haut, le poids de votre partenaire repose directement sur vous. Vous devez donc veiller à rester près de votre point d'ancrage pour que la force du choc soit absorbée en partie par l'ancrage. Tendez la corde et incitez votre partenaire à mettre graduellement son poids sur la corde. Retenez-le un moment, puis laissez la corde glisser doucement dans le dispositif en la relâchant de la position de freinage — la vitesse idéale se compare à un pas de marche lente.

Bloquez la corde

Assurez-vous que la corde soit maintenue en position de blocage en tout temps pendant que vous descendez votre partenaire.

Maintenez le contact visuel

Au début, se laisser descendre peut être angoissant. Alors, montrez-vous encourageant en maintenant le contact visuel.

90°

Inclinaison

Votre partenaire devrait se pencher par en arrière pour que ses jambes forment à peu près un angle droit avec la paroi et que ses pieds soient à plat sur le roc.

Voir DVD
Chaptitre 4

Erreurs courantes

Des erreurs d'encordement sont rares, mais attendez-vous à en faire de temps en temps, surtout lors de vos premières incursions sur le rocher. Prenez le temps de tout prévoir attentivement et essayez de développer une routine pour vous organiser en début de voie. Juste avant de commencer votre ascension, vérifiez une dernière fois tous les nœuds, les boucles et les doigts des mousquetons — mieux vaut découvrir une erreur au début qu'à mi-voie.

a Corde mal attachée
Quand vous vous attachez, veillez à suivre les instructions du fabricant qui vous indiquent où enfiler la corde. Ici, la corde est enfilée dans la sangle des cuisses uniquement.

b Le doigt du mousqueton n'est pas bien fermé
Si vous oubliez de visser le doigt d'un mousqueton à vis, il pourrait s'ouvrir et la corde s'en détacherait.

c Mauvaise position pour assurer
Si vous n'êtes pas posté dans la direction de la traction, vous pourriez être projeté violemment sur un côté et relâcher la corde pour vous stabiliser plutôt que d'assurer votre partenaire.

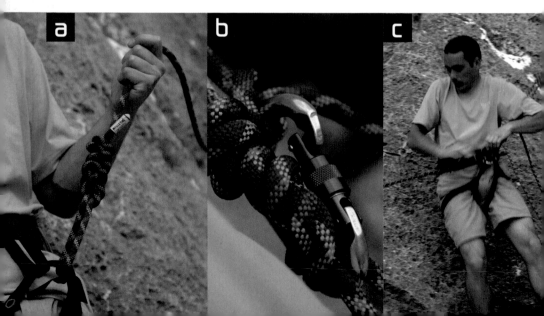

d

Corde effilochée
Prenez soin d'empêcher votre corde de frotter sur les rebords tranchants car la gaine extérieure de la corde pourrait être abîmée au point de rendre celle-ci inutilisable. Placez un drap ou un sac à corde sous la corde pour l'empêcher de s'effilocher quand elle est sur le sol.

Assurer trop loin du pied de la falaise
Se placer trop loin du pied de la falaise et ne pas être attentif à votre partenaire peuvent mener au désastre. Placez-vous toujours près du pied de la falaise.

Liste de vérification de l'encordement
Il est important de maîtriser les techniques d'encordement. Avant d'entreprendre une voie, vérifiez que vous n'avez pas commis une de ces erreurs courantes :

- le brin libre de la corde n'a pas été enfilé dans les bonnes sangles du baudrier ;

- le mécanisme de blocage des mousquetons à vis n'est pas bien fermé ;

- vous n'êtes pas posté dans la direction de la traction pendant l'assurage ;

- vous n'êtes pas suffisamment près de votre point d'ancrage ;

- vous êtes trop loin du pied de la falaise ou du mur d'escalade quand vous assurez un partenaire ;

- vous relâchez la corde en amont quand vous assurez un partenaire qui grimpe ou qui descend en rappel.

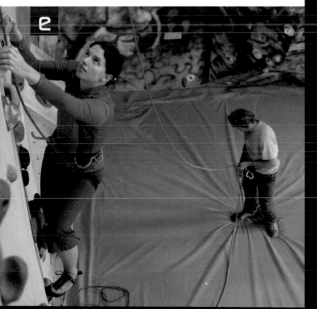

e

Voir DVD
Chapitre 4

go Allez-y

Aperçu...

Guides et cotations : 96-97

Un guide est un instrument essentiel qui vous aidera à trouver la paroi et à localiser les voies variées présentes sur chaque rocher.

Sur la paroi : 98-113

L'équipement de sécurité doit être bien disposé pour que tout soit à portée de la main. Si vous montez en tête, vous installerez les dispositifs de protection pour vous assurer, vous et votre partenaire d'escalade. Une fois une longueur complétée, vous devrez installer un relais sécuritaire et ravaler la corde de votre partenaire pendant son ascension.

La descente : 114-119

Ce qui monte doit redescendre — la descente en rappel est un moyen amusant de redescendre, mais une vigilance de tous les instants s'impose et la pratique dans un endroit sécuritaire est essentielle.

Techniques de cordage : 120-125

Vous apprendrez à installer des ancrages pour assurer par en haut et par en bas, ainsi que les techniques faisant appel à deux cordes sur une voie. Des réponses simples aux problèmes courants d'encordement sont également incluses.

Guides et cotations

Les guides présentent des photos et des schémas topographiques des parois et des falaises les plus fréquentés. Les lignes d'ascension sont indiquées pour vous montrer les différentes voies. Il existe plusieurs systèmes de cotation de par le monde. Chacun indique les degrés de difficulté des voies pour que vous puissiez en choisir une à votre portée.

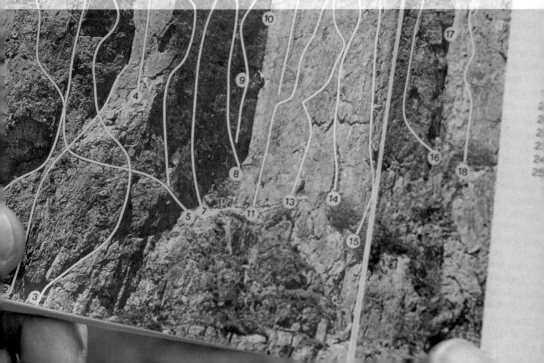

L'utilisation d'un guide

Un schéma topographique est un dessin qui indique les voies d'escalade. Pour déchiffrer un tel schéma, trouvez les caractéristiques clés sur le rocher et observez où elles sont placées dans les voies sur le topo. Quelques éléments évidents, comme des arbres ou des blocs rocheux au pied du rocher, peuvent vous aider à repérer les points de départ. Certains guides présentent aussi des photographies superposées de lignes d'ascension. Ces photos peuvent être plus précises que les schémas topographiques, mais il peut y avoir un effet de rapprochement trompeur dû à l'angle de prise de vue et la voie devient alors plus difficile à repérer.

Appellation et cotation d'une escalade

Ceux qui réalisent la première ascension d'une voie ont le droit de la nommer et de la classifier selon le degré de difficulté technique et l'importance de l'entreprise. Souvent, la cotation d'une voie change au fil de sa fréquentation jusqu'à ce que les grimpeurs s'entendent sur sa difficulté réelle.

Le système de classification vous permet de choisir des voies appropriées à votre expérience et à votre compétence. Quand vous vous aventurez pour la première fois sur un rocher, tenez-vous-en aux cotations les plus faciles jusqu'à ce que vous ayez acquis davantage d'expérience en escalade et en manutention de l'équipement de la chaîne d'assurage (voir pages 42-43).

Comparaison des cotations

Ce tableau présente des systèmes de cotation comparables. Les cotations font toujours l'objet de plusieurs discussions parmi les grimpeurs.

Cotations des voies

Échelle des cotations britanniques – Escalade traditionnelle (voies en gras) : Mod (Moderate), Diff (Difficult), VDiff (Very Difficult), HVD (Hard Very Difficult), Sev (Severe), HS (Hard Severe), VS (Very Severe), HVS (Hard Very Severe), E1, E2, E3, E4, E5, E6, E7, E8, E9, E10 (avec indications BOLD/SAFE et sous-cotations 3c, 4a, 4b, 4c, 5a, 5b, 5c, 6a, 6b, 6c, 7a, 7b).

Esc. sport.	UIAA	Am. Nord	Aus.
1	I	5.1	4
2	II	5.2	6
2+	III	5.3	
3-	III+	5.4	8
	IV		
3	IV+	5.5	10
3+	V-	5.6	12
4	V	5.7	
4+	V+	5.8	14
5	VI-	5.9	16
5+	VI	5.10a	18
6a	VI+	5.10b	19
6a+	VII-	5.10c	
6b	VII	5.10d	20
6b+	VII+	5.11a	21
6c	VIII-	5.11b	22
6c+		5.11c	
7a	VIII	5.11d	23
7a+	VIII+	5.12a	24
7b	IX-	5.12b	25
7b+		5.12c	26
7c	IX	5.12d	27
7c+	IX+	5.13a	28
8a	X-	5.13b	29
8a+	X	5.13c	30
8b	X	5.13d	31
8b+	X+	5.14a	32
8c	XI-	5.14b	33
8c+	XI	5.14c	34
9a		5.14d	35
9a+	XI+	5.15a	36

Disposition du matériel de protection

L'escalade traditionnelle nécessite le transport de beaucoup d'équipement, tandis que l'escalade sportive, plus simple, en requiert moins. Avec l'expérience, vous développerez votre propre manière de disposer votre matériel mais, d'ici là, voici comment procéder.

Disposition du matériel de protection pour l'escalade sportive

Vous n'aurez besoin que de dégaines et d'un mousqueton à vis pour l'escalade sportive. Ces accessoires seront disposés également de chaque côté, les ouvertures dans la même direction pour pouvoir les libérer sans regarder. Certains grimpeurs apportent un anneau de sangle en escalade sportive. Vous pouvez le nouer et l'attacher à l'arrière du baudrier plutôt que de le garder autour des épaules.

99

Disposition du matériel de protection pour l'escalade traditionnelle

Le matériel de protection doit être fixé aux sangles de votre baudrier dans un ordre systématique de façon que vous n'échappiez aucun accessoire quand vous en cherchez un et essayez de le libérer. Regroupez les accessoires par tailles similaires pour en retrouver un plus facilement.

a Bicoins

Regroupez les bicoins de dimensions similaires. Attachez les câbles de chaque groupe à un mousqueton et attachez celui-ci à une sangle du porte-matériel. Les coinceurs hexagonaux seront également regroupés par tailles et transportés de la même manière que les bicoins sur câble pour en faciliter l'accès.

b Dispositifs à cames

Les coinceurs à cames seront transportés sur des mousquetons individuels car chacun convient à une grande variété de fissures.

c Dégaines

Divisez vos dégaines en deux groupes et attachez-les de part et d'autre sur le devant du baudrier. Vous vous en servirez pour attacher la corde aux bicoins sur câble quand vous les placerez en assurage en mouvement.

d Dispositif d'assurage

Votre dispositif d'assurage ainsi qu'un décoinceur et tout autre mousqueton à vis supplémentaire seront gardés à l'écart du reste du matériel (souvent à l'arrière de votre baudrier) car leur usage est moins fréquent.

e Anneaux de sangle

Portez vos anneaux de sangle bouclés en diagonale sur une épaule. Vous pourrez ainsi les retirer facilement d'une seule main.

f Sac à magnésie

Bouclez votre sac à magnésie autour de la taille pour pouvoir le glisser d'un côté à l'autre et y avoir accès facilement.

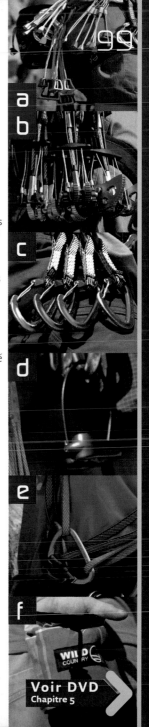

Voir DVD
Chapitre 5

Grimper en tête la première longueur

Votre matériel de protection est bien installé et vous êtes bien amarré à la corde, le second est en position d'assurage sécuritaire et confortable, vous êtes prêt à partir ! Pour protéger la voie en grimpant, vous devrez placer les accessoires appropriés dans la paroi rocheuse de façon sûre et sécuritaire (voir pages 102-105) et y attacher votre corde à l'aide d'une dégaine.

Avant de grimper, étudiez la voie et prévoyez le premier endroit où vous placerez une pièce de protection. Essayez de placer un dispositif d'assurage en mouvement solide à votre portée. Idéalement, vous placerez la pièce suivante quand vos pieds seront à la hauteur de votre premier placement. Ensuite, placez le matériel selon les besoins ou quand le rocher vous le permet. Plus vous placerez de protections pendant votre ascension, plus la voie sera sécuritaire.

1 Utilisation d'une dégaine
Il existe de nombreuses façons d'insérer la corde dans une dégaine, mais la méthode la plus fiable consiste à boucler la corde par-dessus les deux doigts du milieu et le pouce.

2
Utilisez votre pouce et votre index pour agripper le mousqueton et glissez la corde sur le doigt du mousqueton.

3
La corde ouvre le doigt du mousqueton et tombe en place. Comme pour toute technique, vous développerez votre propre méthode avec l'expérience.

Placement du matériel de protection

Pour placer un accessoire de protection, vous devrez d'abord choisir l'accessoire de la bonne dimension. Si vous avez besoin d'un coinceur hexagonal de dimension moyenne, prenez l'ensemble des coinceurs de cette dimension sur votre baudrier, approchez-les près de la fissure et choisissez celui dont la dimension s'approche le plus de la taille de la fissure. Utilisez vos dents pour l'isoler si vous ne pouvez vous servir de vos deux mains. Une fois l'accessoire installé, attachez-y une dégaine, puis la corde dans le mousqueton à l'autre extrémité de la dégaine.

Position sécuritaire

Trouvez une position confortable pour vous tenir debout. Comme vous aurez besoin de retirer une main de la paroi pour placer la plupart des accessoires, essayez d'adopter une position de semi-repos.

Placement des accessoires

Appariez la pièce de protection à la taille de la fissure. Essayez de la placer dans la fissure et, si elle s'y ajuste, détachez le reste de l'ensemble de l'accessoire sélectionné et replacez l'ensemble sur le baudrier.

Placement des bicoins et des cames

Il faut beaucoup d'expérience pour arriver à être certain que les protections placées le sont correctement. Il vaut la peine de vous exercer au niveau du sol à vous soutenir d'une main en position précaire pendant que vous placez un accessoire de protection essentiel.

Placement de bicoin correct
Les bicoins de forme biseautée doivent être placés dans des fissures se rétrécissant vers le bas. Le point important à vous rappeler est de vous assurer qu'il y a de l'espace pour que le bicoin se coince dans la fissure sous pression. Idéalement, il devrait être placé au-dessus d'un étranglement pour ne pas glisser hors de la fissure.

Placement de bicoin incorrect
Si la fissure ne se rétrécit pas suffisamment, si les côtés du bicoin ne sont pas en contact complet avec le roc, ou encore si le bicoin est placé trop près de l'extérieur de la fissure, le bicoin ne pourra supporter votre poids.

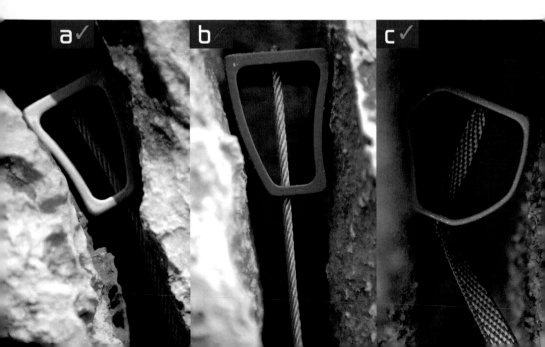

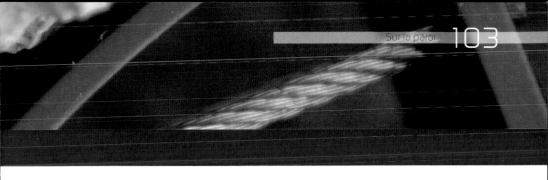

c Placement de coinceur hexagonal correct

Les coinceurs hexagonaux peuvent être utilisés de la même manière que les bicoins en biseau. Ils ont néanmoins l'avantage de pouvoir servir dans des fissures à murs presque parallèles. La torsion que provoque une pression sur un hexe a pour effet de le coincer entre les murs de la fissure.

d Placement de coinceur hexagonal incorrect

Il est essentiel de sélectionner un coinceur hexagonal qui s'ajustera exactement dans la fissure et de vous assurer que ses facettes ont un bon contact avec le rocher. Autrement, il tournera et sortira de la fissure sous pression plutôt que de se coincer à l'intérieur.

e Placement de cames correct

Un dispositif à cames est placé parfaitement quand chacune des quatre cames est en contact avec le roc. Il y a alors assez d'espace pour que les cames mordent sous pression. Pour placer un coinceur à cames, tirez sur la gâchette qui sert à le fermer, insérez-le dans la fissure et relâchez graduellement la gâchette jusqu'à ce que chaque came morde dans le roc.

f Placement de cames incorrect

Si les cames sont trop ouvertes, ou si l'une (ou plusieurs) n'entre(nt) pas en contact direct avec le roc, il est peu probable que le coinceur tienne. Une autre erreur courante consiste à placer le coinceur quand les cames sont complètement fermées — il va tenir, mais il sera presque impossible à récupérer.

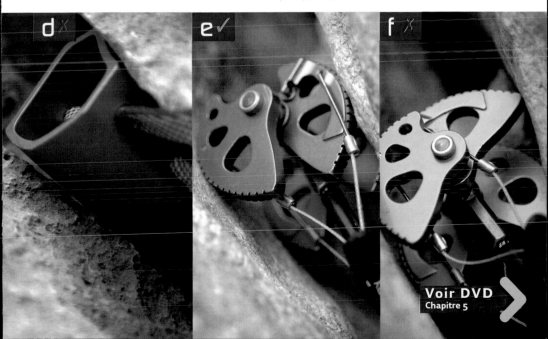

Voir DVD
Chapitre 5

Placement des anneaux de sangle et des dégaines

Il y a deux manières de placer les anneaux de sangle à des fins de protection : en les enfilant ou en les bouclant. D'autres pièces du matériel de protection peuvent être rallongées à l'aide d'une dégaine. Il est possible que le second ait besoin d'un décoinceur pour retirer un accessoire trop coincé.

Sangle bouclée autour d'un fragment de roche

Vous pouvez placer un anneau de sangle autour d'un fragment de roche. Si le fragment n'est pas très épais, vous devrez placer la sangle profondément pour assurer un ancrage efficace. Il est très important de ne pas tendre l'anneau de sangle trop serré quand vous le placez autour de blocs ou de fragments de roche car il s'affaiblirait dangereusement.

Anneau de sangle enfilé

On dit « passer la corde » quand on enfile un anneau de sangle dans des trous du rocher. Les contours de la roche peuvent être très tranchants, au point de couper la sangle quand elle sera soumise à pression. N'utilisez un anneau de sangle enfilé que si vous êtes certain que le rocher est assez lisse.

Placement des dégaines

Les dégaines servent à rallonger les accessoires de protection insérés dans les fissures pour empêcher que ceux-ci sortent de la fissure quand la corde glisse dans le mousqueton. Une extrémité de la dégaine est fixée dans la pièce de protection et l'autre dans la corde. Essayez de vous assurer que le doigt du mousqueton auquel vous fixez la corde d'escalade fait face à la direction opposée au déplacement.

Quand utiliser les dégaines

Les accessoires sur câble, qu'on trouve surtout parmi les bicoins, devraient toujours être rallongés. Les accessoires sur sangle utilisés avec coinceurs à cames et hexagonaux ont rarement besoin de rallongement car ils ont une plus grande flexibilité pour absorber la traction de la corde. Cependant, tel qu'illustré ci-dessous, il y a des occasions où il va de soi que l'accessoire sur sangle doit être rallongé au moyen d'une dégaine.

Récupérer le matériel

Il est possible que, de temps en temps, vous ayez de la difficulté à retirer la protection du rocher. Elle peut avoir été insérée très fermement, ou encore s'être libérée et être tombée plus profondément dans la fissure. Un bicoin sur lequel un premier de cordée est tombé est extrêmement difficile à retirer.

Utilisation d'un décoinceur

Pour retirer une protection qui est trop bien engagée, vous pouvez utiliser un décoinceur. Il n'y a pas de technique particulière pour la récupérer, car tout dépend de sa position. Souvent, une poussée solide par-dessous sera suffisante pour la dégager. Parfois, il sera plus facile de la dégager par en haut.

d   e   f

Voir DVD
Chapitre 5

Faire monter le second

Une fois que vous avez atteint le sommet de votre première longueur, que vous êtes bien à l'aise et assuré sur le relais (voir pages 108-111), il est temps de faire monter votre partenaire. Il faudra que vous utilisiez des cris d'escalade pour communiquer avec lui durant toute la séquence d'amarrage de la corde et de l'assurage.

Assurer par en haut

Vérifiez si vous êtes vous-même assuré aux points d'ancrage, prenez la corde, enfilez-la dans le dispositif d'assurage et attachez celui-ci à l'anneau d'encordement de votre baudrier à l'aide d'un mousqueton. Installez toujours le dispositif d'assurage pour que la corde de descente en amont soit du même côté que les cordes qui vous relient à l'ancrage. Vérifiez qu'il y a assez d'espace libre pour actionner le dispositif. Voici un rappel rapide du procédé d'assurage — pour une description plus complète, voir pages 86-87.

1 Tirez la corde en aval vers le haut dans le dispositif d'assurage avec la main qui contrôle le freinage. Rappelez-vous que pendant tout le procédé vous ne devez vous servir de votre main qui contrôle que pour agripper la corde de descente en amont. Vous pouvez utiliser l'autre main pour agripper l'une ou l'autre des sections.

2 Placez la corde en position de blocage et déplacez votre main gauche de la corde en aval pour la faire passer sur la section libre près du dispositif d'assurage.

3 Placez la main de contrôle entre votre main gauche et le dispositif d'assurage et recommencez à l'étape 1. Répétez le procédé.

Cris d'escalade au relais

Les grimpeurs utilisent une série de cris con-
venus pour communiquer durant les étapes
variées de l'escalade. Ces cris sont délibéré-
ment concis pour éviter toute confusion. Avec
l'expérience, vous développerez peut-être
votre propre système, mais voici en attendant
un exemple d'une séquence de cris que les
grimpeurs utilisent quand le premier de cordée
a atteint le relais :

- « **Relais** » ou « **Vaché** » : le premier est arrivé au
  sommet de la longueur ou à un relais dans une
  voie et il s'est bien assuré.
- « **Avale** » : le second a retiré la corde du dispositif d'assurage et indique au premier de prendre
  le mou de la corde.
- « **J'avale** » : le premier prend le mou de la corde
  entre les deux grimpeurs.
- « **Bout de corde** » : le second fait savoir que la
  corde est tendue entre les deux grimpeurs.
- « **Quand tu veux** » : le premier a assuré le
  second et ce dernier peut commencer à grimper.
- « **Départ** » : le second commence à grimper.
- « **OK** » : le premier est prêt à assurer le second.

Cris d'escalade durant l'ascension

Les cris suivants sont utilisés pendant que les
grimpeurs sont en pleine ascension plutôt
que sur un relais ou en position d'assurage :

- « **Prends-moi** » : le grimpeur a de la difficulté et
  craint de tomber.
- « **À sec** » : le second éprouve des difficultés et
  demande d'être retenu sur la corde.
- « **Avale** » : le grimpeur demande à l'assureur de
  prendre le mou de la corde.
- « **Du mou** » : le grimpeur demande à l'assureur du
  mou de corde pour attacher une dégaine au-dessus
  de sa tête ou pour grimper plus rapidement.

Point d'ancrage unique

Quand vous arrivez à la fin d'une longueur, vous devez vous assurer vous-même au rocher pour pouvoir aider le second à monter. Vous pouvez passer un anneau de sangle autour d'un arbre ou d'un fragment de roc solide, ou encore l'enfiler dans un trou du rocher. Parfois, vous trouverez une protection permanente installée au préalable que vous pourrez utiliser comme point d'ancrage.

Établir un relais sécuritaire

Un point d'ancrage unique est plus facile à installer. Voici trois façons de vous attacher à l'ancrage :

a Anneau de sangle attaché au baudrier

Si la distance entre le point d'ancrage et l'endroit confortable où vous pouvez vous asseoir ou rester debout est égale à la longueur de la sangle, attachez celle-ci directement à l'anneau d'encordement de votre baudrier. Utilisez un mousqueton à vis et fermez-en solidement le doigt.

b Nœud de cabestan attaché au baudrier

Si vous devez vous éloigner, atta-chez la corde au point d'ancrage avec un mousqueton à vis, fer-mez le doigt solidement et, tout en maintenant la corde, placez-vous à l'endroit choisi. Pour vous assurer, placez un large mous-queton HMS à vis dans l'anneau d'encordement du baudrier (voir détail) et confectionnez un nœud de cabestan (voir pages 52-53) pour sécuriser la corde. Fermez solidement le mousqueton, puis ajustez le nœud de cabestan pour que la corde reliée à l'ancrage soit tendue.

c Nœud de cabestan attaché au point d'ancrage

Si votre point d'ancrage est à une longueur de bras de l'em-placement d'assurage, attachez un nœud de cabestan directe-ment à l'ancrage à l'aide d'un mousqueton.

Voir DVD
Chapitre 5 >

Points d'ancrage multiples

Si vous devez installer un ancrage à l'aide de bicoins ou de cames, il est recommandé de placer plus d'une pièce de protection. On parle alors de points d'ancrage multiples.

Établir un relais sécuritaire de plusieurs ancrages

Les principes de placement de protection, de positionnement et d'attache d'un ancrage unique s'appliquent aussi aux ancrages multiples. Utilisez toujours des mousquetons à vis, ou deux mousquetons avec les doigts dos à dos et l'ouverture inversée, pour vous attacher aux points d'ancrage. Voici trois méthodes pour utiliser des ancrages multiples, mais il y a beaucoup d'autres combinaisons possibles.

a Nœud de cabestan attaché au baudrier
Amarrez la corde à un point d'ancrage et repassez-la dans un mousqueton HMS attaché à l'anneau d'encordement de votre baudrier. Attachez-la au moyen d'un nœud de cabestan (voir pages 52-53). Répétez le procédé pour le deuxième ancrage. Vous pouvez ajuster les nœuds de cabestan pour que la tension sur chaque ancrage soit égale et que le poids soit partagé également.

b Nœud de cabestan attaché au point d'ancrage
Si vous êtes à une longueur de bras ou moins de l'ancrage, un moyen rapide de vous assurer à un second ou à un troisième ancrage consiste à attacher le nœud de cabestan directement à l'ancrage. Si vous devez vous déplacer à un endroit éloigné du point d'ancrage, pensez à installer un autre point d'ancrage plus près. Attachez-vous à cet ancrage au moyen d'un nœud de cabestan directement sur l'ancrage.

a

b

C

Relier les ancrages à l'aide d'une sangle
Deux ancrages peuvent être reliés par une sangle. Attachez un nœud simple au centre de la corde et fixez une boucle dans chacun des ancrages. Prévoyez la direction dans laquelle la traction s'exercera et ajustez le nœud simple pour que le poids soit partagé également entre les deux ancrages quand vous y attacherez un mousqueton à vis. Attachez le mousqueton à vis à chacune des boucles sur chaque côté du nœud simple. Cette étape est vitale car, si vous ne le faites pas et qu'un ancrage fait défaut, il pourrait en résulter une force de choc sur l'autre ancrage qui le ferait sauter. Maintenant, attachez-vous à l'ancrage de la même manière qu'à un point d'ancrage unique (voir pages 102-103).

Parés pour la deuxième longueur

Une fois que vous êtes tous les deux rendus à la fin de la longueur et que le second est assuré à l'ancrage, il faut savoir se réorganiser. Vous pouvez décider que le second deviendra premier de cordée pour la prochaine longueur. C'est ce qu'on appelle une « progression en réversible ». Le nouveau premier devra redisposer le matériel sur les baudriers et vérifier que tout est bien en place avant de commencer à grimper. Si les rôles restent inchangés, suivez les étapes ci-dessous.

1 L'assureur ravale la corde au fur et à mesure que le second grimpe. Nous voyons ici qu'il n'y a pas suffisamment d'espace pour les deux grimpeurs, ce qui signifie que le second devra se suspendre à l'ancrage.

2 Une fois que le second a atteint le relais, l'assureur le garde assuré jusqu'à ce qu'il soit attaché à l'ancrage et se trouve dans une position confortable.

3 Quand le second est attaché à l'ancrage, l'assureur retire la corde du dispositif d'assurage. À partir de ce moment, l'assureur et le second assument de nouveaux rôles.

Le facteur de chute

Le facteur de chute égale la longueur de la chute divisée par la longueur de la corde. Le système ne peut supporter qu'un facteur de chute de 2 sans risquer de devenir inopérant. L'image à l'extrême gauche montre le premier à environ trois mètres au-dessus du second, ce qui pourrait donner lieu à une chute de six mètres : on a donné trois mètres de corde, ce qui signifie qu'une chute à ce moment aurait un facteur de chute de 2 et que le poids du premier serait reporté sur l'assureur. À gauche, le premier a placé une nouvelle protection, qui réduirait la longueur de la chute à deux mètres, c'est-à-dire que le facteur de chute aurait diminué à 0,6. Cette précaution prévient également le risque de chute du premier sur l'assureur.

4 L'assureur devient maintenant premier de cordée et reprend le matériel de protection du second. Le second devient l'assureur et arrange la corde pour que la section du premier se libère facilement du dessus de la pile.

5 Quand la corde a été enfilée et que le premier a redisposé le matériel, le second est prêt à assurer le premier. Le premier est prêt à grimper.

6 Le premier devrait essayer de placer un bon assurage en mouvement tôt après le départ du relais, de sorte qu'en cas de chute le poids ne se reporte pas directement sur le second. Le placement de protection prévient également un facteur de longue chute.

Voir DVD
Chapitre 5

La descente en rappel

La descente en rappel est un excellent moyen de redescendre d'une voie. Un bloc rocheux d'une hauteur de 20 mètres est suffisant pour une première tentative et, si vous pouvez facilement marcher à son flanc, c'est idéal. Installez les points d'ancrage au sommet. Il est préférable qu'ils soient situés beaucoup plus haut que le point de départ. Utilisez une corde de sécurité qui sera contrôlée par un assureur attaché au bout de la corde et amarré au point d'ancrage. Il vous retiendra si pour une raison quelconque vous ne pouvez plus continuer.

1 La corde de rappel peut être à double ou à simple. Deux cordes engendrent plus de friction et vous donnent ainsi un meilleur contrôle. Pliez la corde en deux, confectionnez un nœud en huit sur la boucle (voir pages 50-51) et attachez-la à l'ancrage à l'aide d'un mousqueton à vis. Enfilez les cordes à double à l'intérieur et autour de votre descendeur en forme de huit.

2 Amarrez le plus petit trou du descendeur à l'anneau d'encordement de votre baudrier à l'aide d'un mousqueton à vis. La corde de sécurité est fixée ou attachée directement au baudrier.

3 Le moment le plus difficile d'une descente en rappel est le départ. Essayez de garder votre poids sur la corde de rappel et utilisez votre baudrier pour retenir la corde. Votre vitesse sera contrôlée par la friction supplémentaire produite autour du huit et le maintien ferme ou relâché de la corde.

4 Gardez les pieds hauts et les jambes droites. Dans cette position, vous pouvez marcher par en arrière à un pas régulier jusqu'en bas du rocher. Ne sautez pas sur le rocher comme vous l'avez peut-être vu dans des films — une descente régulière en maintenant un contact constant avec le roc est une technique plus sécuritaire à mettre en pratique.

Voir DVD
Chapitre 6

Sécurité en descente en rappel

Pour vous rendre au pied de la paroi et récupérer votre corde, il vous faudra descendre en rappel par étapes, chacune couvrant un peu moins que la moitié de la longueur de la corde. Si vous avez grimpé avec une corde à simple, vous pouvez perdre beaucoup de temps ; c'est pourquoi les grimpeurs préfèrent descendre en rappel seulement s'ils ont grimpé avec deux cordes. Les cordes sont alors reliées par un nœud de pêcheur double (voir pages 122-123).

Rappel à l'aide d'un dispositif d'assurage

Pour installer la corde en vue d'une descente en rappel, bouclez-la à l'intérieur et autour d'un point d'ancrage de façon que, une fois rendu en bas, vous puissiez tirer une extrémité ; la corde glissera alors facilement et pourra être récupérée. Enfilez les deux cordes dans le dispositif d'assurage et attachez les deux boucles à un mousqueton HMS relié à l'anneau d'encordement de votre baudrier. Fermez solidement le doigt. Vous pouvez maintenant partir. Il est sage d'avoir recours à une protection supplémentaire (voir ci-dessous). Une autre possibilité consiste à demander à quelqu'un de maintenir le bout de la corde ou les cordes de descente. Si vous éprouvez des difficultés, cette personne tirera fortement sur les cordes et vous cesserez de descendre tant que la corde ne sera pas relâchée.

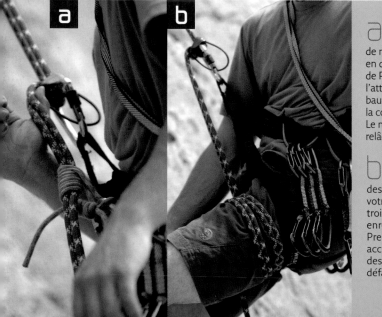

a   **b**

Nœud de Prussik
Les nœuds de Prussik servent de moyen de protection d'appoint en descente en rappel. Le nœud de Prussik est très utilisé. On l'attache au pontet de cuisses du baudrier et on l'enroule autour de la corde de descente en amont. Le nœud freine la corde si vous la relâchez par mégarde.

Enroulements de blocage
Enroulez la corde de descente en amont autour de votre jambe. Faites au moins trois tours, en plaçant chaque enroulement haut sur la jambe. Prenez soin de ne pas relâcher accidentellement la corde de descente en amont quand vous défaites les enroulements.

Anatomie d'une descente en rappel sécuritaire

Pour descendre en rappel en toute sécurité, utilisez un moyen de protection d'appoint. Le nœud de Prussik est le plus simple. Pour l'installer, fixez un mousqueton à vis dans le pontet de cuisses et attachez une des boucles de Prussik au nœud de jonction contre le mousqueton à vis. Enroulez la boucle autour des deux cordes de rappel et faites au moins quatre tours. Rattachez la boucle encore une fois au mousqueton à vis et fermez-le solidement.

Éviter les complications

Assurez-vous qu'il n'y a pas de vêtements amples, de cheveux longs ou toute pièce d'équipement (surtout les sangles) qui pourraient rester pris dans le dispositif de descente. Les articles coincés dans le dispositif peuvent causer de sérieux problèmes.

Le nœud de Prussik

Attachez le nœud de Prussik de façon qu'il ne soit pas trop long. S'il donne des coups contre le dispositif de descente quand il est sous une charge, il ne bloquera pas efficacement ou pas du tout.

Voir DVD
Chapitre 6

Descendre en moulinette

Une fois que vous avez atteint le sommet d'une paroi en escalade sportive, il faudra qu'on vous redescende au sol. Toutes les parois d'escalade sportive sont équipées d'un ancrage pour la descente. Cet ancrage peut prendre la forme d'un mousqueton en acier auquel vous amarrerez votre corde ou, ce qui est plus courant, d'un anneau fermé dit « maillon », ou encore de deux plaquettes « éco » comme vous voyez ici.

Descente sécuritaire

L'assureur doit être prêt à tout moment à retenir le poids du premier (voir à droite) et adopter une position solide, que ce soit assis ou debout. Il importe de communiquer durant chaque étape de la descente pour que chacun sache ce qui se passe.

1 Descendre

Quand vous avez atteint l'ancrage, prenez un mousqueton ou un anneau de sangle et attachez-vous à l'ancrage de descente. Cette méthode est appelée « queue de vache ».

2

Demandez du mou au second et enfilez la corde dans les points d'ancrage. Confectionnez un nœud en huit sur la boucle (voir pages 50-51) et amarrez-le à l'anneau d'encordement de votre baudrier.

3

Maintenant, vous pouvez vous détacher du bout de la corde. Retirez-le de votre baudrier et sortez-le des ancrages. Vérifiez que tout est en place.

4

Dites au second « À sec » pour qu'il supporte votre poids. Tirez-vous un peu vers l'ancrage pour détacher la queue de vache. Criez en bas que vous êtes prêt pour la descente au sol.

Anatomie d'une descente en moulinette

Pour un rappel sécuritaire, amarrez-vous au point d'ancrage avec une queue de vache, enfilez la corde dans les points d'ancrage et attachez-la à votre baudrier, puis défaites le premier nœud de la corde.

Attache à l'ancrage

Utilisez une queue de vache pour vous attacher au point d'ancrage. La queue de vache est une courte sangle bouclée dans l'anneau d'encordement au moyen d'un nœud qu'on appelle «queue de vache».

Enfiler la corde

Dans le système à deux plaquettes «éco», enfilez la corde d'abord dans l'ancrage inférieur, ensuite dans l'ancrage supérieur.

Se détacher de la corde

Ne vous détachez du bout de la corde qu'une fois que vous aurez enfilé la corde dans l'ancrage, confectionné un nœud en huit sur la boucle et attaché la corde à l'anneau d'encordement de votre baudrier à l'aide d'un mousqueton à vis.

Voir DVD
Chapitre 6

Assurage par le haut et par le bas

Qu'il s'agisse d'assurage par le haut ou par le bas, les deux systèmes nécessitent l'installation d'ancrages au sommet de la voie (voir pages 108-111). S'ils sont loin du rebord, utilisez une corde statique ou avec peu d'élasticité.

Pour assurer par le haut

Pour assurer par le haut, vous devez pouvoir circuler autour du sommet du rocher et installer un ancrage et un relais comme le ferait un premier de cordée. Jetez ensuite la corde en bas au grimpeur, qui s'y s'attachera et grimpera vers vous, étant ainsi assuré depuis le haut.

1 Assurage par le haut
L'assureur devrait être posté près du rebord du rocher pour être en mesure de surveiller l'ascension en permanence. Il doit s'assurer qu'il est bien attaché à l'ancrage.

2 Assurez le grimpeur à l'aide d'un dispositif d'assurage. Il est toujours sage d'essayer de garder la corde entre l'assureur et le grimpeur relativement tendue en tout temps. C'est l'assurance que la corde retiendra le grimpeur s'il glisse.

3 Quand le grimpeur a atteint le sommet, l'assureur le redescend au pied du rocher.

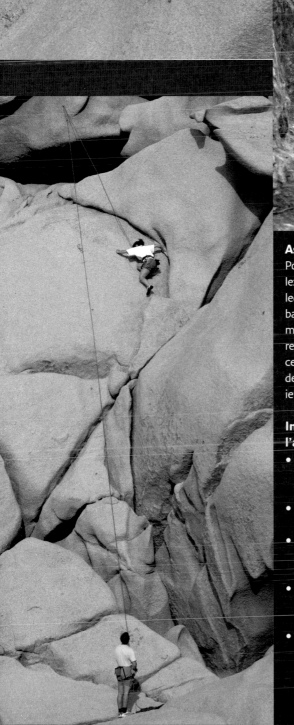

Assurage par le bas

Pour assurer par le bas, vous devez installez un ancrage au sommet du rocher, dans lequel la corde sera enfilée puis rejetée en bas. Assuré alors depuis le sol, le grimpeur monte jusqu'au sommet de la voie puis redescend. On pratique généralement cette méthode d'escalade en groupe sur de courts affleurements de roche ; plusieurs personnes grimpent alors ensemble.

Installation d'ancrages pour l'assurage par le bas

- Ajoutez une rallonge à l'ancrage qui se termine juste au-dessous du sommet de la voie.
- Attachez un large mousqueton à vis à la rallonge de l'ancrage.
- Attachez la corde d'escalade au mousqueton à vis de façon qu'elle monte du sol jusqu'à l'ancrage et revienne au sol.
- Attachez une extrémité de la corde au grimpeur et utilisez l'autre extrémité pour assurer.
- Quand le grimpeur a atteint l'ancrage au sommet, il peut mettre son poids sur la corde et être redescendu au sol.

Techniques de cordes à double

Toutes les techniques d'escalade sur corde présentées jusqu'à maintenant n'exigeaient qu'une seule corde. Or, par moments, la voie serpente, reliée aux points d'ancrage. Quand vous placez la protection où c'est nécessaire, la corde peut zigzaguer sur le rocher et causer une friction importante, voire offrir une résistance telle qu'il s'avérera impossible au premier de cordée de se déplacer ! Pour résoudre ce problème, les grimpeurs utilisent deux demi-cordes (ou cordes à double). Elles sont généralement plus minces qu'une seule corde, soit 9 mm plutôt que 10 ou 11 mm.

Fixations de corde alternées
Essayez d'attacher chacune des cordes à des ancrages de protection alternés. Parfois, vous devrez fixer une corde dans une série de points de protection de manière qu'une fois que vous serez rendu plus haut l'autre corde descende vers le second en ligne droite.

Utilisation de deux cordes
Avec des cordes à double, gardez une corde à votre gauche quand vous vous déplacez vers la droite et l'autre à droite quand vous vous déplacez vers la gauche.

Utilisation de deux cordes

L'image à gauche montre comment utiliser des cordes à double sur un tracé en Z, tandis que l'image de droite illustre les problèmes de friction avec une seule corde sur la même voie. Quand vous assurerez avec des cordes à double, vous devrez peut-être donner du mou ou ravaler avec une corde et non avec l'autre — exercez-vous pour devenir plus adroit. En tout temps, vous devez être prêt à retenir un grimpeur en cas de chute.

Quand vous vous attachez aux points d'ancrage, les cordes peuvent se partager entre les ancrages (voir pages 102-105). Vous pouvez effectuer des descentes en rappel plus longues avec des cordes à double qu'avec une corde à simple. Reliez les bouts de chaque corde en confectionnant un nœud de pêcheur et enfilez-les dans un point d'ancrage pour descendre.

1 Confection d'un nœud de pêcheur double Enroulez une corde deux fois autour de la deuxième corde. Le deuxième tour devrait chevaucher le premier.

2 Enfilez le brin libre dans les deux boucles formées.

3 Répétez le procédé avec la deuxième corde en effectuant les enroulements vers le premier nœud. Les enroulements se font en direction opposée au premier nœud.

4 Faites glisser les deux nœuds côte à côte. Chacun devrait être serré l'un contre l'autre et le revers de la corde devrait montrer quatre brins côte à côte.

Solution de problèmes simples

Peu de pépins se produiront si vous maniez toutes les cordes et l'équipement avec soin. Prévoyez tout minutieusement et veillez à la sécurité en tout temps. Une des mesures de sécurité les plus utiles consiste à attacher le dispositif d'assurage en position de blocage. Cette mesure s'avère particulièrement utile quand le premier de cordée éprouve des difficultés pendant l'ascension et doit rester suspendu à la corde, ou encore quand vous devez vous servir de vos deux mains pour démêler une corde au moment où vous descendez quelqu'un.

1 **Attacher le dispositif d'assurage en position de blocage**
Maintenez la corde de freinage en position de blocage et enfilez une boucle de la corde de descente en amont dans le mousqueton d'assurage.

2 Enfilez une boucle de la corde de descente en amont dans la première boucle et tirez solidement pour former un nœud, en vous assurant que la boucle fait à peu près 50 cm de long.

Bloquer la corde

La descente en rappel peut causer des problèmes. Quand vous jetez les cordes en bas du rocher, faites toujours attention qu'elles ne s'emmêlent pas, bien que dans certains cas ce soit inévitable. À l'aide d'un nœud de Prussik ou d'enroulements de blocage (voir pages 116-117), vous serez en mesure de lâcher la corde et d'utiliser vos deux mains pour démêler l'enchevêtrement.

3 Enfilez la corde une deuxième fois pour former un nœud supplémentaire assurant une plus grande sécurité.

4 Maintenant, vous pouvez relâcher la corde des deux mains pour faire ce qui est nécessaire, ou pour vous reposer en retenant un grimpeur.

5 Pour libérer la corde, détachez le deuxième nœud. Ensuite, défaites le nœud principal en maintenant solidement la corde de descente en amont près du dispositif d'assurage (pour éviter tout mou dans la corde) et en le sortant du dispositif d'assurage.

Voir DVD
Chapitre 4 ❯

go Pour aller plus loin

Aperçu...

Conditionnement physique : 130-135

Des exercices d'étirement sont utiles pour réchauffer vos muscles avant de grimper. Il existe également tout un éventail de techniques d'escalade pour développer l'endurance et la force musculaire.

Améliorer sa technique : 136-143

La force et l'endurance deviennent des qualités de plus en plus importantes au fur à mesure que vous désirez vous améliorer et progresser à des niveaux plus difficiles.

Horizons d'escalade : 144-151

Il y en tellement de lieux d'escalade dans le monde qu'il est impossible de tous les énumérer. Les lieux et types d'escalade présentés dans cette section devraient vous donner une bonne idée de ce que le monde vertical peut vous offrir.

L'échauffement

Comme certains mouvements réalisés en escalade font appel à des muscles jusque-là fort peu mobilisés, il vaut la peine de prendre le temps d'effectuer quelques exercices simples d'étirement avant de commencer. Une longue marche au pied du rocher constituera probablement un excellent exercice aérobique pour vous échauffer, mais elle n'étirera pas vos muscles, surtout ceux des épaules, des doigts et des bras. Une grimpe facile au pied du rocher vous aidera à vous échauffer.

a Étirement des doigts

Étirez vos doigts en plaçant les bras devant vous, paumes vers le devant. À l'aide d'une main, tirez doucement vers l'arrière les doigts allongés jusqu'à ce que vous ressentiez une tension légère dans vos avant-bras. Maintenez cette position près de 15 secondes, puis répétez avec l'autre bras.

b Étirement des triceps

Étirez les triceps en plaçant une main à l'arrière de la tête et en poussant doucement votre coude vers l'arrière avec l'autre main. Maintenez 15 secondes, puis répétez avec l'autre bras. Faites des ronds avec les deux bras allongés d'un côté et ensuite de l'autre.

c

Étirement des épaules

Allongez un bras à la hauteur des épaules et tirez-le doucement vers vous. Tournez la tête pour faire face à l'épaule tout en gardant le torse immobile. Au moment où vous ressentez l'étirement, maintenez-le une dizaine de secondes puis relâchez lentement.

Étirement des jambes

Debout, les jambes écartées, étirez-vous doucement sur un côté. Maintenez 15 secondes avant de passer à l'autre côté.

Étirement des mollets

Tenez-vous sur une jambe (vous pouvez vous appuyer sur quelque chose pour vous soutenir) et relevez l'autre derrière vous. Maintenez la cheville à l'aide d'une main et poussez doucement vos hanches vers l'avant pour amplifier l'étirement.

d

e

Développer l'endurance

Vous entraîner sur un mur d'escalade ou sur bloc est un bon moyen de développer votre endurance et votre force. Les murs d'escalade n'offrent qu'environ 10 mètres de longueur, ce qui permet de grimper de nombreuses voies en quelques heures tout en profitant de bonnes périodes de récupération entre les grimpes. Traverser le mur, c'est-à-dire le parcourir à l'horizontale, constitue une série d'exercices soutenus qui sont excellents pour accroître l'endurance.

Une bonne forme physique est un avantage en escalade, mais vous aurez aussi besoin d'un entraînement spécifique pour accroître votre endurance. Dans certaines situations, vous devrez déployer des efforts exigeant beaucoup de puissance, suivis d'une activité ardue et soutenue. Pour vous préparer, choisissez des voies ou des problèmes qui exigent des enchaînements de mouvements plus longs plutôt que des problèmes qui peuvent être surmontés en trois ou quatre mouvements courts et puissants.

Un point important pour accroître l'endurance est d'apprendre à se reposer. Partout où c'est possible, trouvez des endroits où vous pourrez retirer une ou vos deux mains du rocher et les laisser pendre à vos côtés quelques secondes ou plus longtemps.

Enchaîner une voie

Si vous grimpez une voie en tête et que votre priorité est d'atteindre le sommet, ne recherchez pas tout de suite la réussite. Tomber à chaque erreur de mouvement est formateur. À long terme, ces expériences vous permettront de développer votre endurance pour qu'un jour vous puissiez effectuer l'escalade de ces voies difficiles en une seule tentative. Grimper une voie de cette façon s'appelle « enchaîner une voie ».

1 **S'entraîner sur un rocher abrupt**
Grimper sur un rocher qui est très abrupt ou en surplomb est un excellent moyen d'accroître son endurance et d'apprendre à utiliser efficacement son énergie. Pour réaliser l'ascension sans chute ni repos, vous devrez développer des aptitudes techniques d'escalade en plus de votre force et de votre endurance.

2 Une bonne manière de s'entraîner consiste à grimper une voie assuré par le haut ou par le bas (voir pages 120-121). Vous pourrez vous reposer sur la corde si vous n'avez pas la force d'exécuter tous les mouvements dans une poussée continue. Vous pourrez également profiter de ces repos pour prévoir les prochains enchaînements de mouvements.

3 Continuez votre progression une fois que vous vous êtes reposé suffisamment. Être capable de prévoir rapidement une série de mouvements dans ces situations économise de l'énergie.

Développer la force musculaire

Si vous désirez progresser vers des voies plus difficiles, vous devrez développer votre force musculaire. Il n'y a pas de meilleur moyen pour y arriver que l'escalade en soi. Assurez-vous de développer votre force musculaire graduellement pour ne pas endommager vos tendons ou étirer vos muscles car la guérison pourrait être longue.

Développer la force des doigts
Pour développer la force de vos doigts, grimpez sur des murs un peu en dévers offrant de petites prises très positives. Les bonnes prises de pied sont utiles car elles peuvent supporter beaucoup de pression et, avec le temps, vous pourrez passer à des prises plus petites. Variez le type de prises de doigts pour inclure des prises latérales autant que verticales.

Développer la force des avant-bras
Pour accroître la force de vos avant-bras, tirez sur des prises plus larges sur une voie plus abrupt offrant des prises de pied plus petites. Variez encore une fois les genres de prises utilisées.

Développer la force des avant-bras
De larges prises pour vos mains vous permettront de développer la force de vos avant-bras. Placez vos pieds sur des prises larges ou petites, ou laissez-les pendre pour développer encore plus de force dans vos avant-bras.

a

Développer la force globale
Varier les prises et les types de problèmes sur bloc vous permettra de développer l'ensemble de votre force. Ici, le mouvement est malaisé et les prises de main sont larges et ouvertes, ce qui nécessite une force considérable.

b

Développer la force des doigts
Un mur en dévers et des prises petites exigent de la force dans les doigts. Exercez-vous à utiliser des petites prises de doigt positives, mais échauffez-vous toujours avant de tirer sur quelque chose de très petit.

c

Varier l'entraînement
Pour développer une plus grande force d'ensemble et une bonne technique, variez votre entraînement le plus possible et essayez de reproduire les mouvements qui sont de mise en escalade.

d

Les compétitions d'escalade

L'escalade de compétition est devenue une discipline importante dans le monde de l'escalade, permettant aux grimpeurs de repousser sans cesse leurs limites sur le plan des difficultés techniques. C'est également un excellent moyen d'améliorer vos aptitudes d'escalade. Il y a toute une série de compétitions, ouvertes aussi bien aux débutants qu'aux grimpeurs chevronnés. Il est possible qu'il y ait des compétitions ouvertes à tous à un mur d'escalade non loin de chez vous.

Déroulement des compétitions

Sur le plan international, les compétitions sont régies par l'International Council for Competition Climbing. Cette organisation représente les nations participantes, établit les règles et détermine les voies et les dates pour la Coupe du monde et les Championnats du monde. Sur les plans national et régional, ce sont les associations nationales de régie, les clubs locaux et les entreprises de murs d'escalade qui organisent les compétitions.

Il y a plusieurs genres de compétitions, comme l'escalade sur bloc, les épreuves de vitesse et les épreuves techniques (où les grimpeurs grimpent en tête des voies « à première vue », sans possibilité d'analyse préalable). On trouve quatre catégories : hommes juniors, femmes juniors, hommes seniors et femmes seniors.

Chaque compétition présente plusieurs parcours de difficultés croissantes. Le pointage est attribué selon la hauteur gagnée à chaque parcours et des grimpeurs sont graduellement éliminés jusqu'à ce qu'il n'en reste que quelques-uns pour le parcours final. Le gagnant est le grimpeur qui complète le parcours final ou qui atteint le point le plus haut avant de tomber.

Au début de chaque parcours, les grimpeurs examinent la voie et prennent des notes. Ils se retirent seuls ensuite et attendent leur tour pour grimper. Au cours de leur isolement, ils s'échauffent pour atteindre leur potentiel maximal pendant l'escalade. Après leur tentative, ils peuvent regarder le reste de la compétition.

Conseils de compétition

Une fois que vous avez choisi à quelle compétition vous voulez participer, prenez note des conseils et trucs suivants :

- Entraînez-vous raisonnablement en vue d'être en forme physique maximale le jour même. Reposez-vous bien la veille de la compétition.

- Assurez-vous que vous vous êtes bien échauffé et que vous avez suffisamment à boire pour rester hydraté pendant toute la compétition.

- Étudiez attentivement la voie ou le problème avant de vous y attaquer. Essayez de visualiser les mouvements que vous aurez à exécuter et gardez votre sang-froid si vous les manquez.

Savoir-faire sur blocs

L'escalade de blocs est un moyen des plus amusants pour développer votre force et votre savoir-faire.

Comme la plupart des problèmes sur blocs sont courts et explosifs, vous ne développerez pas beaucoup votre endurance. Par contre, vous pourrez tenter des mouvements techniquement difficiles et des enchaînements plus ardus que sur la paroi.

Les variétés de styles d'ascension sur blocs vous apprendront plusieurs techniques qui autrement demanderaient des années d'expérience. Par exemple, vous apprendrez à quel point la tension du corps sur un rocher surplombant sollicite les muscles abdominaux et ceux du bas du dos. Vous pourrez améliorer votre connaissance des prises variées — grattons, prises fuyantes et pinces, parmi les plus exotiques — et apprendrez comment les utiliser quand rien d'autre n'est possible.

Vous serez capable de vous concentrer à enchaîner certains mouvements, tout en sachant que vous ne vous blesserez pas en tombant. Cependant, comme dans tout autre type d'entraînement, n'abordez les difficultés croissantes que progressivement pour éviter les muscles et les tendons endoloris.

suite à la page 140 >

Prévenir les blessures courantes

La nature ardue de l'escalade de blocs signifie que vous courez de plus grands risques de blessures que dans d'autres styles d'escalade. Prenez bonne note des conseils et trucs suivants :

• Vous pouvez enrouler du ruban athlétique adhésif autour de vos doigts pour prévenir les blessures aux tendons. C'est une mesure préventive plus qu'une solution.

• L'échauffement avant l'escalade réduit le risque de blessure aux muscles et aux tendons (voir pages 130-131).

• Pour éviter des blessures sérieuses ou permanentes aux coudes et aux épaules, suivez un programme qui vous permettra de développer régulièrement votre force et votre endurance.

• N'oubliez pas d'inclure des jours de repos dans votre programme d'entraînement.

Escalade de blocs (suite)

Les voies grimpées sur bloc sont appelées «problèmes» car elles sont généralement courtes, peuvent être compliquées, et le but est de perfectionner les enchaînements de mouvements pour résoudre le problème. Le problème suivant fait appel à trois techniques polyvalentes qui vous seront très utiles quand vous voudrez tenter des problèmes sur bloc vous-même.

1 Départ en position assise

Le départ s'effectue en position assise, une technique très courante sur bloc. En débutant au niveau du sol, vous maximisez le nombre de mouvements, surtout dans les problèmes courts.

2 Crochet talon

Dans son premier mouvement, le grimpeur agrippe des prises de main suffisamment larges et élève son pied pour le crocheter par-dessus une prise de pied juste au-dessus de la bordure du surplomb. Ce mouvement s'appelle le «crochet talon». Il aide le grimpeur à distribuer une partie du poids de son corps sur une jambe et sur un pied en les gardant sous traction. Vous devez avoir des abdominaux forts pour prendre cette position.

Planification

Quand vous abordez un problème, essayez de prévoir l'enchaînement de mouvements. Ici, les grimpeurs s'entendent pour décider des prises et comment les utiliser.

3 Roulement sur pointe de pied

Un mouvement de torsion du pied droit autour de la bordure du surplomb permet de gagner un allongement supplémentaire. Le grimpeur tire avec les deux bras et utilise la traction du crochet talon et le levier des orteils du pied droit pour rouler par-dessus le roc. Ce mouvement est très exigeant physiquement, mais il est relativement rapide.

4 Fin du mouvement

Comme les prises de main sont latérales, le grimpeur essaie de garder l'axe de son corps sous celles-ci tandis que sa main et son bras adhèrent au rocher. Une fois que le poids de son corps a été transféré sur le pied gauche, il place sa main droite dans une position qui lui permettra de pousser et il effectue une poussée forte de la main et de la jambe pour se hisser debout.

Enchaînement de mouvements difficiles

Un aspect important pour améliorer votre technique d'escalade consiste à apprendre à relier les enchaînements de mouvements difficiles. La clé réside dans une bonne force musculaire et dans l'aptitude à se mouvoir rapidement sur la paroi, ce qui prend du temps à développer. Entreprendre des voies ou des problèmes sur des sections de voie abruptes et en surplomb est un excellent moyen de développer ces aptitudes.

1 Paroi abrupte
Dans cette voie abrupte et ardue, le grimpeur utilise des prises d'une façon créative et efficace. Pour débuter, une large prise de sa main droite supporte presque tout son poids.

2 Il atteint un autre baquet de sa main gauche. Le pied droit est étendu à droite pour maintenir son équilibre et le côté extérieur de son pied gauche sert à le seconder.

3 Le pied droit est en crochet talon dans une fissure pour le soutenir sur la paroi, tandis qu'il utilise sa main libre pour installer un dispositif d'assurage en mouvement.

Rocher en surplomb

Le grimpeur utilise une prise de pince inversée pour soutenir son poids pendant qu'il balance ses pieds pour atteindre les prochaines prises de pied. Il agrippe la prise de sa main droite en tirant de côté pour déplacer sa main gauche sur une large prise. Ce mouvement requiert une mobilisation de muscles abdominaux puissants pour effectuer la traction corporelle qui aidera le grimpeur à maintenir son corps et ses pieds dans une position solide.

4 Le mouvement suivant est une enjambée haute effectuée en se penchant vers la gauche sur de bonnes prises. C'est un mouvement dynamique, mais une protection à proximité immédiate lui permet de se concentrer sur les mouvements plutôt que sur le risque de chute.

5 Le grimpeur tire sur les prises de main et pousse avec ses pieds pour atteindre une large prise de sa main droite.

6 Il se place en position de repos grâce à une large prise à laquelle il s'agrippe, le bras tendu dans une position solide.

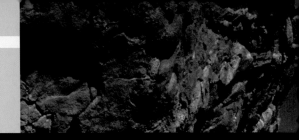

L'escalade en solo

L'escalade en solo se pratique seul, sans corde ni dispositifs d'assurage ou de protection. Les risques sont évidents car une chute peut causer la mort ou des blessures graves. Son attrait pour les quelques grimpeurs chevronnés qui la pratiquent réside dans le style rapide et libre de l'escalade.

L'escalade en solo ne plaît pas à tout le monde — elle peut paraître exaltante, mais les débutants devraient s'en abstenir. Elle demeure un style d'escalade qui ne devrait être tenté qu'avec une expérience poussée en escalade technique et sur corde.

Escalade au-dessus d'une étendue d'eau profonde

Un style d'escalade en solo devenu très populaire est l'escalade au-dessus d'une étendue d'eau profonde (DWS). Les voies se situent au-dessus d'une

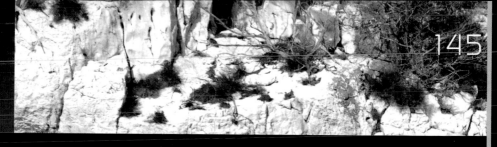

étendue d'eau très profonde qui permet au grimpeur, en cas de chute, de tomber relativement en sécurité. Le grimpeur doit cependant s'assurer qu'il ne heurtera rien en tombant, que l'eau est assez profonde et qu'il n'y a pas de roches.

Les difficultés et la diversité du roc sont hallucinantes dans certaines voies DWS. Plusieurs voies se comparent aux voies traditionnelles et aux problèmes sur bloc les plus difficiles.

Les voies DWS peuvent également atteindre des hauteurs étourdissantes — on y a déjà réalisé des ascensions de 30 mètres. Si vous tombez, vous aurez tout le temps voulu pour penser avant de toucher l'eau. La plupart du temps, l'escalade finit avant le sommet du rocher et un plongeon dans la mer est forcément le seul moyen de redescendre.

Smith Rock

Oregon, États-Unis

Smith Rock State Park est un endroit sauvage magnifique au nord-ouest des États-Unis qui offre toute une gamme de voies fantastiques avec des cotations qui vont d'assez difficiles en montant. La voie ci-dessous est celle de Karate Crack, cotée 5.10a, soit une voie classique trois étoiles.

Type d'escalade La roche est un type de grès fin dit « tuf soudé » qui offre des caractéristiques vraiment remarquables. Cet endroit est particulièrement réputé pour l'escalade technique de faces rocheuses. Il y a dans le parc près de 1 400 voies sur des rochers variés.

Équipement Apportez un équipement varié pour une escalade traditionnelle et une corde de 60 mètres. Certaines voies sont équipées d'une combinaison d'équipement traditionnel et de plaquettes. Il y a de nombreuses voies à longueurs multiples.

Comment s'y rendre Prenez l'avion jusqu'à Portland et ensuite jusqu'à Bend. Ensuite, vous pouvez prendre l'autocar jusqu'à Smith Rock State Park.

Quand y aller Au printemps et tôt à l'automne sont les meilleurs moments ; au milieu de l'été, la température peut atteindre 38 °C malgré l'altitude.

Yosemite

Californie, États-Unis

Yosemite offre de longues voies de plusieurs longueurs et de plusieurs jours ainsi que des voies plus courtes. Pour profiter au maximum de la vallée, vous devriez grimper des voies où les cotations vont de assez difficiles à difficiles. Il y en a qui sont plus faciles, mais les meilleures ont tendance à être plus difficiles.

Type d'escalade Le rocher est en granite exclusivement et présente de larges parois, des dalles et de longues fissures.

Équipement Apportez l'équipement traditionnel et une corde de 60 mètres, plus une seconde corde de 60 mètres si vous prévoyez descendre en rappel. Vous aurez besoin de plusieurs bicoins et de cames de dimensions semblables pour les voies présentant des fissures. Des voies de plusieurs jours nécessitent d'apporter de l'eau, de la nourriture et des plateformes de bivouac en paroi pour dormir.

Comment s'y rendre Prenez l'avion jusqu'à San Francisco, puis une voiture jusqu'à Yosemite, ou prenez l'autocar (voyage de 3-4 heures). Le parcours en voiture jusqu'à Yosemite est plus court si vous prenez l'avion jusqu'à Fresno.

Quand y aller De la fin d'avril jusqu'à la mi-octobre. Pendant l'été, alors que les températures sont élevées, optez pour Tuolomne Meadows (à haute altitude).

Le Cap

Cap-Ouest, Afrique du Sud

Il y a plusieurs endroits pour l'escalade aux environs du Cap, des voies immenses à Table Mountain (tel Jacob's Ladder, cotée 16, photographiée ci-dessous) et des problèmes sur bloc à Rocklands jusqu'aux voies abruptes de longueurs multiples à Wolfberg.

Type d'escalade Le type de roche varie beaucoup dans la région, comprenant le granite, le quartzite et du grès incroyablement dur. Tout l'endroit regorge de voies de toutes les cotations, des voies pour débutants jusqu'aux plus difficiles.

Équipement Apportez un équipement complet traditionnel comprenant une bonne sélection de bicoins, des cames et des hexes, et une corde de 60 mètres. Les cordes à double sont utiles dans les voies les plus longues.

Comment s'y rendre Prenez l'avion directement jusqu'au Cap. Une voiture est indispensable pour vous rendre à la plupart des endroits d'escalade.

Quand y aller La température la plus clémente est d'octobre à février. Il peut y avoir beaucoup de tempêtes en hiver (juillet et août).

Hampi

Karnataka, Inde

Lieu unique d'escalade sur bloc dans une région importante de l'histoire de l'Inde, Hampi est un site du Patrimoine mondial. Les blocs en granite de tailles variées y abondent et sont disséminés sur une vaste étendue. Allez-y pour le panorama et la culture autant que pour l'escalade.

Type d'escalade Les rochers de granite offrent tous les types d'escalade de blocs, des fissures les plus étroites jusqu'aux problèmes de surplomb les plus exigeants. Certains des plus gros blocs sont équipés de goujons.

Équipement Apportez un matelas d'escalade, de la magnésie et des chaussons d'escalade. Vous aurez besoin d'une corde et d'un baudrier, plus quelques dégaines pour grimper les voies équipées.

Comment s'y rendre Prenez l'avion jusqu'à Bombay ou Bangalore et ensuite l'autocar ou un train jusqu'à Hampi. Il est possible également de prendre l'avion jusqu'à une piste d'atterrissage près de Hospet. Prévoyez une visite à Goa pour d'autres escalades de blocs et la plage.

Quand y aller Décembre ou janvier — il fait trop chaud et il pleut pendant les autres mois.

La Costa Daurada

Catalogne, Espagne

La Costa Daurada se situe à proximité de la Sierra de Prades, qui offre des voies équipées de toutes les cotations. *La Rambla* (9a) est une des voies les plus difficiles au monde. La Primera de l'estui, photographiée ci-dessous, est une voie classique cotée 6b+.

Type d'escalade Le calcaire est la roche dominante et à certains endroits revêt une couleur orange vif. Comme l'endroit est vaste, une voiture est pratique, surtout si vous prévoyez visiter différents sites. Les voies les plus importantes sont *Siurana* et *La Mussara*.

Équipement Apportez une corde de 60 mètres, mais une de 70 mètres serait plus polyvalente. Puisque toutes les voies se grimpent en escalade spor-tive, le seul équipement nécessaire se composera de dégaines et de sangles.

Comment s'y rendre Prenez l'avion jusqu'à Barcelone ou Reus et rendez-vous en voiture aux lieux d'escalade.

Quand y aller Comme la Costa Daurada est un endroit montagneux, les meilleures conditions pour l'escalade se présentent de la fin d'avril à la mi-octobre.

Lundy Island

Devonshire, Grande-Bretagne

Située à l'entrée du canal de Bristol, Lundy Island offre quelques-unes des meilleures voies au-dessus d'une étendue d'eau profonde en Grande-Bretagne. Pour profiter au maximum de l'île, vous devriez grimper les voies cotées VS ou plus. La voie ci-dessous est celle du *Jet Set*, cotée E2 5c.

Type d'escalade Le type de roche est un granite très brut qui peut présenter des lichens à certains endroits.

Équipement Apportez un équipement traditionnel complet, le plus varié possible, comprenant des cordes à double. Pensez à apporter une corde supplémentaire à faible élasticité pour descendre en rappel puisque plusieurs des voies ne sont accessibles qu'en rappel.

Comment s'y rendre Lundy Island est une propriété privée qui appartient au National Trust et le nombre de visiteurs admis y est limité. Rendez-vous par traversier ou par hélicoptère à partir de Bideford sur la côte du Devonshire.

Quand s'y rendre Les meilleures conditions sont de fin avril jusqu'à fin septembre, mais l'escalade y est toujours possible malgré le mauvais temps.

Sur le Web

Voici une sélection de sites Internet d'escalade dans le monde qui présentent toutes sortes d'informations, qu'il s'agisse d'examen critique de l'équipement, de nouvelles et d'articles, de descriptions de parois, de guides de voies ou de cartes.

SITES EN FRANÇAIS

Club Alpin du Canada, Chapitre de Montréal
www.accmontreal.ca

École nationale d'escalade du Québec
www.eneq.org

Escalade Québec
www.escaladequebec.com

Fédération québécoise de la montagne et de l'escalade (FQME)
www.fqme.qc.ca

Club alpin belge (aile francophone)
www.clubalpin.be

Fédération française de la montagne et de l'escalade (FFME)
www.fqme.qc.ca

Fédération française des clubs alpins et de montagne (FFCAM)
www.ffcam.fr

SITES EN ANGLAIS

Union internationale des associations d'alpinisme (UIAA)
www.uiaa.ch

www.neclimbs.com
Informations sur l'escalade de roche et de glace en Nouvelle-Angleterre, principalement dans la région du mont Washington.

www.climbing.com
Le site de la revue *Climbing* est un excellent site de nouvelles qui présente aussi de bonnes analyses d'équipement.

www.rockclimbing.com
Informations sur l'escalade aux États-Unis et ailleurs dans le monde.

www.supertopo.com
Ce site offre des guides de voies gratuits et présente beaucoup d'information sur l'escalade de blocs ainsi que de magnifiques photos.

Glossaire de l'escalade

À vue : expression qui signifie qu'aucune étude préalable de la voie n'a été faite avant qu'on s'y engage pour la première fois.

Ancrage : système de fixation au rocher permettant d'assurer un premier ou un second de cordée. On peut utiliser un seul ancrage ou plusieurs.

Ancrage de descente : point d'ancrage installé au sommet d'une voie sportive à partir de laquelle vous redescendez au sol.

Anneau d'encordement : boucle cousue sur le baudrier reliant les sangles de la taille et des cuisses.

Assurage : technique qui permet de stopper la chute de son partenaire de cordée au moyen de la corde et des points d'ancrage pendant qu'il grimpe.

Assurage en mouvement : protection installée par le premier de cordée qui consiste en bicoins de forme biseautée, coinceurs hexagonaux, dispositifs à cames ou goujons.

Assurage par le haut : style d'escalade où le grimpeur est assuré à partir du haut de la voie. L'assureur doit marcher jusqu'au sommet pour y installer l'ancrage et aménager un relais.

Avaler : reprendre le surplus de corde pendant une manœuvre d'assurage.

Bicoins : accessoires en métal de forme biseautée montés sur un câble, une corde ou une sangle que l'on coince dans les fissures pour faire office d'assurage en mouvement ou d'ancrages.

Corde en aval : pendant l'assurage, section de la corde qui est reliée directement au grimpeur que vous assurez.

Corde libre : corde tenue par l'assureur pendant l'assurage qui n'est pas reliée directement au grimpeur et que parfois on appelle « corde de descente en amont ».

Descendre en rappel : technique de descente sur corde au moyen d'un système de freinage attaché au baudrier.

Dispositif à cames : dispositif qui sert à installer un assurage en mouvement ou un ancrage dans une fissure du rocher.

Dispositif d'assurage : dispositif qui freine la corde pour vous permettre d'assurer un partenaire de cordée.

Donner du mou : donner de la longueur de corde pour permettre au grimpeur de continuer à grimper.

Enchaîner une voie : grimper une voie dans son intégralité sans tomber et sans repos sur la corde. Habituellement, le matériel de protection est laissé en place.

Escalade de blocs : style d'escalade à quelques mètres du sol ; c'est un sport en soi.

Escalade fine (ou en finesse) : style d'escalade où les prises sont minuscules, ce qui exige une technique très précise.

Escalade libre : style d'escalade qui consiste à gravir une voie en se servant uniquement des prises naturelles du rocher pour les mains et les pieds. Les grimpeurs sont normalement reliés par une corde.

Escalade sportive : style d'escalade où la protection pour le premier de cordée a été installée au préalable de façon permanente.

Escalade traditionnelle : l'escalade dans sa forme la plus pure. Le premier de cordée installe d'abord toutes les protections, que le second récupérera.

HMS : genre de mousqueton à vis dont la forme facilite l'assurage. Vient du terme original allemand *halbmastwurfsicherung*.

Magnésie : poudre blanche synthétique dont on enduit les doigts et les mains afin d'améliorer l'adhérence des mains sur le rocher.

Moulinette : technique qui permet de stopper la chute de son partenaire de cordée depuis le sol. La corde est passée dans un ancrage situé au sommet de la voie.

Plaquette : protection permanente installée au préalable, habituellement forée et collée dans la paroi rocheuse.

Premier de cordée : grimpeur qui monte le premier et qui installe les ancrages pendant son ascension.

Prussik (nœud de) : nœud formé à l'aide d'une corde accessoire enroulée autour de la corde de rappel et qui sert de mécanisme autobloquant si l'assureur lâche son descendeur.

Relais : étape au milieu ou au sommet d'une falaise où plusieurs ancrages sont reliés entre eux.

Repos : pause pour se reposer et récupérer pendant une escalade. Habituellement, vous pouvez retirer une main ou même les deux du rocher.

Sangles du porte-matériel : sangles cousues sur le baudrier auxquelles l'équipement peut être attaché.

Second : grimpeur qui suit le premier de cordée sur une voie.

Solo (Escalade en) : style d'escalade qui consiste à grimper une voie seul, sans aucun assurage.

Index

A

Afrique du Sud 148
ancrages : voir plaquettes
appellation d'une voie 97
assurage 23, 43, 45, 99
    attacher en position
        de blocage 124
    bloquer la corde 59,
        86, 87, 88, 89
    corniche 59
    descente en rappel avec 116
    dispositif d'assurage
        autobloquant 45, 88
    encordement 84
    enfilage de la corde 87
    erreurs courantes 90-91
    et chutes 59
    faire monter le second
        106-107
    force de freinage 86
    friction variée 45
    grès 30
    grès à gros grains 31
    par le bas 30, 86, 87
    par le haut 106, 120
    technique de descente 88-89,
        91, 118-119, 120
    techniques 86-89
    voir aussi : mousquetons
avant-bras 134-135

B

Baffin (île de) 36
baudrier 42, 45
    disposition du matériel

de protection 54, 98, 99
et assurage 86, 87, 106, 119
et descente en rappel
    114-115, 116
et points d'ancrage 109
mauvais enfilage 90,91
nœuds 50-53, 84-85, 109-110
bicoins
    de forme biseautée 23, 54,
        102, 105
    décoinceur 56, 99, 104, 105
    placement 102-103
    récupérer 105
    sur câble 105
blessures aux tendons, éviter 139
bloc coincé 36, 57

C

chaussons 18, 26, 42, 46, 47
    adhérence 18, 32, 70, 71
    calage 77
    technique de pied 70-71
cheminées 32
    techniques 78-79
chutes : voir assurage
coinceurs 23, 43, 54, 103, 105
    hexagonaux 54, 99
communication 86, 107, 118
compétitions d'escalade 136-137
confiance, augmenter 70
contenants d'eau 64
corde 25, 42, 65
    à double 48, 114, 116,
        122-123
    accessoire 48, 54

assurage par le bas 30, 86-87,
    120-121, 133
assurage par le haut 120, 133
conseils pour s'attacher
    84-85
dégaines : voir dégaines
demi-corde 48
effilochée 91
enroulement 48-49
erreurs d'encordement 90-91
friction 122-123
kernmantel 48
mou 107
nœud de Prussik 48, 56, 116
nœuds : voir nœuds
passer la corde 87, 90-1
tendue 86, 107
voir aussi : assurage,
    mousquetons
cotations 96-97
cris d'escalade 86, 107, 118

D

dalles 32-33, 34
    granite 37
dégaine 56, 77, 98, 99
    quand utiliser 118
    technique 100-101, 104-105
descente en rappel
    complications, éviter les 117
    cordes à double 123
    enroulements de blocage
        116, 125
    sécurité 56, 116-117
    techniques 114-117

dispositifs à cames 23, 43, 99
  placement 103
  pression 54, 103
  sur sangle 105
dispositifs d'ancrage 23,25
  assurage par le bas 121
  avec deux cordes 123
  descente en rappel 114
  grès 30
  grès à gros grains 31
  nœuds pour 52-53
  points d'ancrage 108-111
doigt 76, 134,135

E
échauffement 130-131, 137, 139
enchaînement de mouvements 142-143
enchaîner une voie 133
encordement : voir cordes
entraînement d'endurance 132-133
escalade au-dessus d'une étendue d'eau profonde (DWS) 144-145
escalade de blocs
  blessures, prévenir les 139
  compétitions 137
  Dülfer 82-83
  entraînement d'endurance 132
  équipement 26, 26-27, 65
  force musculaire 135
  Hampi, Inde 149
  problèmes 140-141

Rocklands, Afrique du Sud 148
  technique 26-27, 28, 138-141
escalade de grande falaise 36
  Wolfberg, Afrique du Sud 148
escalade de paroi 32
  Smith Rock 146
  voir aussi : falaises
escalade efficace 71, 72
escalade en moulinette 30, 86-87
escalade en solo 144-145
escalade sportive
  Costa Daurada, Espagne 150
  descendre un partenaire 88, 118-119
  Dülfer 25, 65
  pierre calcaire 35
  placement de l'équipement 98
  techniques 24-25
escalade traditionnelle 22-23, 36-37, 64, 146, 147, 148, 151
  grès à gros grains 31
  placement de l'équipement 54, 56, 98-99
États-Unis
  Joshua Tree 36
  Smith Rock 146-147
  Yosemite 36-37, 147
Europe
  Chamonix 36
  Corse 36
  Espagne 150
  granite 36
  normes de sécurité 44
  pierre calcaire 35

sacs à dos 64
Sardaigne 36
exercices d'échauffement 130-131, 137, 139

F
facteur de chute 113
falaises
  escalade au-dessus d'une étendue d'eau profonde (DWS) 144-145
  granite 37
  maritimes 26, 29
  voir aussi : escalade de paroi
fissures 32
  blocs coincés 57
  dispositifs de protection : voir dispositifs à cames, bicoins
  murs parallèles 54, 103
  rétrécissant vers le bas 54, 102
  verrou 78-79
  Yosemite 147
  voir aussi : cheminées
force 18, 21, 24, 29, 70, 71
  et entraînement sur blocs 138-141

G
gants 62
Grande-Bretagne
  Cornwall 36
  Highlands écossais 36
  Lundy Island 151
  Peak District 31
  roche ignée 32

granite 36
    escalade de blocs 149
    Hampi, Inde 149
    Le Cap, Afrique du Sud 148
grès 30
    Le Cap, Afrique du Sud 148
    Smith Rock 146
grès à gros grains 31
Groenland 36
guides 96-97

I

Inde, Hampi 149

L

longueurs 23
    dalles 37
    fissures dans 37
    grimper en second 112-113
    grimper en tête 58-59,
        100-101
    Lundy Island,
        Grande-Bretagne 151
    multiples 47
    protection 37
    roc de montagne 32
    Yosemite 36-37, 147

M

magnésie 43
    sac 26, 99
matériel de protection 54-56,
    112-113
moments de repos 18, 21, 83,
    132, 133

montagnes 26, 29
    granite 37
    roche ignée 32
    techniques 32
mousqueton à vis 57, 84, 98, 99
    descente en rappel 114, 117
    erreurs 90-91
    et assurage 86, 87, 106, 119
    points d'ancrage 109, 110, 111,
        114, 121
mousquetons 45,46
    bicoins 54, 99
    côté large arrondi 109,110
    dégaines : voir dégaines
    doigt : voir doigt
    HMS 109, 110, 116
    nœud 50, 51, 53
murs d'escalade intérieurs 28
muscles 134-135

N

nœud
    d'arrêt double 50, 51, 53, 84
    de cabestan 52-53, 109, 110
    de chaise 52-53, 84
    de pêcheur double 116, 123
    de Prussik 48, 56, 116-17, 124
    en huit 42, 50-51, 84-85
    en huit double 50-51, 84-85
    en huit sur une boucle de la
        corde 50-51, 84-85, 114-115,
        118, 119
    queue de vache 119
    simple 111
normes de sécurité UIAA 44

P

pionniers de l'escalade 22
plaquettes
    deux plaquettes « éco » 118
    forées 24-25
    maillon 118
premier de cordée
    assurage 86, 91, 124
    Costa Daurada, Espagne 150
    cris d'escalade 107
    descendre un partenaire
        118-119, 124
    pierre calcaire 25, 34-35
    première longueur 58-59,
        100-101
    progression en réversible
        112-113
    responsabilités 20,23
    tuf calcaire 35
prises de main
    anguleuses 32, 35, 73
    appui de paume 74-75, 76
    baquets 73, 81, 142
    déplacement sur la paroi
        73-74
    Dülfer 82-83
    fuyantes 138
    grattons 138
    latérales 73, 134
    magnésie 43
    ondulées 35
    pinces 138
    pontage 82-83
    pour aider le travail des pieds
        et des jambes 72

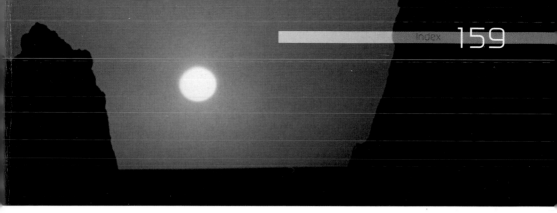

pousser 76
prise de pince 83, 143
prise inversée 77, 81
prises de doigts 73, 76, 79
rétablissement 80-81
trou 35
verrou 78-79
prises de pied
calage 77, 142
crochet talon 140, 142
déplacement sur la paroi 74-75
Dülfer 82-83
équilibre et mouvement 70-71
grande enjambée 77
grimper en adhérence 18, 32, 70, 71, 82
opposition dos-pieds 79
pendant le placement de l'équipement 101
pontage 82-83
rétablissement 80-81
roulement sur pointe de pied 141
verrou de pied 79
protection de la tête 43, 45

Q
quartzite, Le Cap, Afrique du Sud 148
queue de vache 118-119

R
rétablissement 80-81
rouler sur le ventre 81

S
sacs à dos 29, 64-65
sangles 23, 43, 56, 57
disposition du matériel 98, 99
et points d'ancrage 109, 111, 118
placement 104
queue de vache 118-119
second de cordée
ascension 59
assurage 86
cris d'escalade 107
responsabilités 23
rôle dans la descente 118-119
sécurité
chaîne d'assurage 58-59, 97
erreurs d'encordement 90-91
escalade en solo 144
normes, équipement 44
responsabilités 44
solution de problèmes 124-125
voir aussi : assurage, cames, dispositifs à cames, bicoins, matériel de protection
solution de problèmes 18, 124-125
sources Internet 152-153
surface lisse 18
équilibre et mouvement 70-71
surplombs 32, 34, 36, 72
enchaînement de mouvements difficiles 142-143
technique 80-81, 83, 133-135
tension du corps 138, 143
systèmes d'hydratation 64, 137

T
toits 30, 32, 36, 72
trous dans le rocher 57, 108
tuf calcaire 35

V
vêtements 42, 60, 62
voies abruptes 24, 72
enchaînement de mouvements difficiles 142-143
entraînement d'endurance 133
voies difficiles 21
cotations 96-97
et force musculaire 134-135
grès à gros grains 31
La Rambla, Espagne 150
rétablissement 80-81
voies faciles 18
cotations 96-97

En conclusion...

Remerciements de l'auteur

Je désire remercier Miranda Meilleur, Adam Hocking et Bryn Williams pour le temps qu'ils ont patiemment consacré à prendre les photos sur la merveilleuse île rocheuse de Sardaigne. Je remercie Mountain Hardwear pour les vêtements et les sacs à dos qui ont servi aux séances de photos et Wild Country qui a fourni aimablement l'équipement technique. Wild Country nous a également fourni des chaussons d'escalade Red Chilli et des cordes Infinity. First Ascent nous a gentiment prêté des casques Black Diamond et Salomon GB nous a fourni les chaussons d'approche. Ray Wood nous a transmis des images fort invitantes pour la section des destinations. Votre générosité et votre bonté sont très appréciées!

Remerciements de Dorling Kindersley

DK désire remercier Letty Luff pour son soutien éditorial, Thomas Keenes et David Garvin pour l'aide à la conception et Margaret McCormack pour l'index.

Crédits des photographies

L'éditeur aimerait remercier les personnes suivantes qui nous ont aimablement autorisés à reproduire leurs photos : Nigel Shepherd 4-5, 8-9, 23, 29 (bd et bg), 30 (bd), 30-31 (h), 32 (hg et bd), 33 (b), 37 (hd et bg),128, 129 (bd), 147, 148, 150, 151, 153, 156-157, 158-159 ; Ray Wood 136, 137, 144, 146, 149.

Soyez prudent...

L'escalade est un sport à risque et tous les participants doivent assumer la responsabilité de leurs propres actes et de leur sécurité. L'auteur ou l'éditeur ne peuvent être tenus responsables de quelque accident que ce soit résultant d'activités présentées dans ce livre. Préparez-vous toujours à l'imprévu et restez prudent.